한국어교원 자격제도 길잡이

국립국어원

목 차

Ⅰ 한국어교원 자격제도 개요
1. 한국어교원 자격제도 개념 ···2
2. 한국어교원 자격제도의 세부 내용 ···································3
   (1) 자격의 등급 및 기준 ···3
   (2) 자격의 취득 및 신청 구분 ··4
   (3) 자격 부여 절차 ··6

Ⅱ 개인 자격 부여
1. 자격 부여 신청 절차 ···10
2. 등급 및 유형별 심사 기준 ···11
   (1) 등급 및 유형 구분 ···11
   (2) 등급 및 유형별 심사 기준 ······································13

Ⅲ 대학 등의 교육과정 및 교과목 확인
1. 개 요 ··34
2. 시기 및 절차 ··35
   (1) 대상 및 시기 ··35
   (2) 절차 및 방법 ··35
   (3) 신청 대상별 제출 서류 ···36
   (4) 부적합 교육과정 및 교과목 재심사 ·····················37
3. 내용 및 기준 ··38
   (1) 교육과정 ··38
   (2) 교과목(영역 판정, 필수이수학점 및 시간 적합
       여부) ··39
4. 유의 사항 ··44
   (1) 공통 사항 ··44
   (2) 교육과정 관련 사항 ···45
   (3) 교과목 관련 사항 ···45

목 차

Ⅳ 대학 및 양성기관 운영 지침

1. 대학(원)의 한국어교육 전공 운영 지침 ············52
   (1) 교육과정 ··52
   (2) 교과목 ··53
2. 양성기관 운영 지침 ··57
   (1) 양성기관의 인정 범위 ································57
   (2) 교육과정 ··58
   (3) 평가 및 학사 관리 ····································60
   (4) 일반 사항 ··61
   (5) 이수증명서 발급 ······································62
3. 실습 교과목 운영 지침 ··································63
   (1) 교과목 개설 기준 ····································63
   (2) 실습 교과목 구성 및 운영 기준 ················64
   (3) 운영 절차 ··69
   (4) 기관별 주요 운영 기준 ····························73

부 록

[부록 1] 한국어교원 자격제도 관련 법규 ············82
[부록 2] 한국어교육 실습 교과목 관련 각종 서식
         (예시) ··104
[부록 3] 자주 하는 질문 ··································113
[부록 4] 한국어교원 관련 누리집 ······················126

본 길잡이는 한국어교원 자격을 취득하고자 하는 개인과 한국어 교원을 양성하고자 하는 교육기관이 '한국어교원 자격제도'를 이해하고, 이를 통해 자격 취득에 필요한 적정한 절차를 밟을 수 있도록 돕고자 제작되었습니다.

길잡이는 크게 4개의 장으로 구성되어 있으며, 자세한 내용은 다음과 같습니다.

📢 한국어교원 자격제도 전반의 이해
⇒ I장(p.02~08)

📢 개인 자격 부여에 관한 이해
⇒ II장(p.10~32)

📢 교육과정 및 교과목 확인에 관한 이해
⇒ III, IV장(p.34~79)

📢 부록 및 자주 하는 질문
⇒ p.82~126

한국어교원 자격제도 개요

1. 한국어교원 자격제도 개념
2. 한국어교원 자격제도의 세부 내용

1. 한국어교원 자격제도 개념

(1) 한국어교원 자격제도란?

> 문화체육관광부장관이 한국어교원이 되고자 하는 사람에게 일정한 법정 요건을 갖추었는지를 심사하여 자격을 부여하는 제도(시행 2005. 7. 28.)

- **한국어교원**: 국어를 모어(母語)로 사용하지 않는 외국인, 재외동포를 대상으로 한국어를 가르치는 사람

- **법정 요건**: 국어기본법 제19조 및 같은 법 시행령 제13조~제14조, 같은 법 시행규칙

- **심사**: 한국어교원 자격 심사위원회*(이하 심사위원회로 함)에서 한국어교원 자격 신청자가 법정 요건 및 기준을 갖추었는지를 심사

    * 심사위원회는 문화체육관광부(국립국어원)에 두며, 위원장 1인 포함 11인으로 구성

    • 심사위원회는 개인 자격 심사뿐만 아니라 이에 필요한 교육과정 및 교과목의 법정 기준 적합 여부도 사전에 공적으로 확인(학위·양성기관 신청)

- **자격 부여**: 신청자가 심사에 의해 법정 요건을 갖추었다고 판정받으면, 문화체육관광부장관 명의의 자격증 발급

    ※ 문화체육관광부장관이 발급하는 한국어교원 자격증은 일반 국민을 대상으로 국어를 가르치는 '초등학교 및 중고등학교 (국어)정교사 자격증(교육부 장관 발급)'과는 별개

Ⅰ. 한국어교원 자격제도 개요

2. 한국어교원 자격제도의 세부 내용

(1) 자격의 등급 및 기준

▌ 한국어교원 자격은 높은 순으로 1급, 2급, 3급의 3가지 등급으로 구분됨.

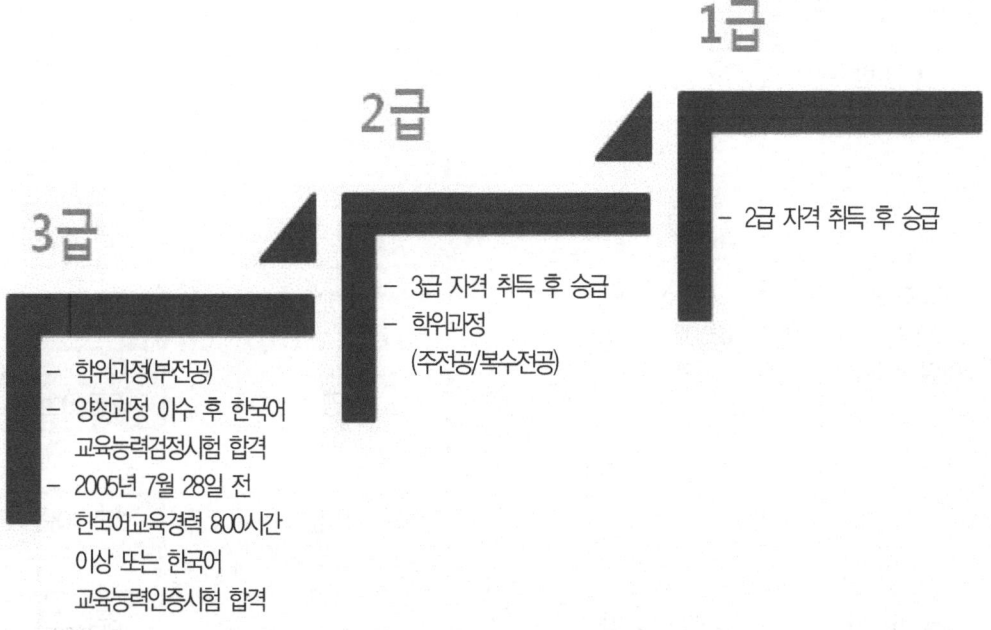

- 1급
  - 2급 자격 취득 후 승급
- 2급
  - 3급 자격 취득 후 승급
  - 학위과정 (주전공/복수전공)
- 3급
  - 학위과정(부전공)
  - 양성과정 이수 후 한국어교육능력검정시험 합격
  - 2005년 7월 28일 전 한국어교육경력 800시간 이상 또는 한국어교육능력인증시험 합격

▌ 한국어교원 자격 기준은 신청자의 등급(1급, 2급, 3급) 및 요건별(학위 취득자, 양성과정 이수자, 경력 요건자)로 구분되어 적용되고 있음.

※ 최초 법령 시행 전(2005. 7. 28.) 이미 한국어교육 관련 학과로 입학하여 학위를 취득하거나 교육 경력 등이 있는 사람들의 자격 취득 기회 보장을 위한 별도의 기준도 존재

▌ 이러한 기준의 판단 근거는 신청자가 적정한 교육과정 및 교과목을 이수하였는지 여부임.

※ 상세 기준에 관해서는 'Ⅱ장 개인 자격 부여'를 참조

(2) 자격의 취득 및 신청 구분

▌ 자격의 취득은 일반 취득과 승급으로 나뉨.

- 일반 취득: 신청자의 자격 요건에 따라 2급 또는 3급 취득
- 승급: 자격증 소지자가 일정한 교육 경력을 갖춰 상위 등급 (3급 → 2급, 2급 → 1급) 자격 취득

▌ 신청 구분

- 일반 취득

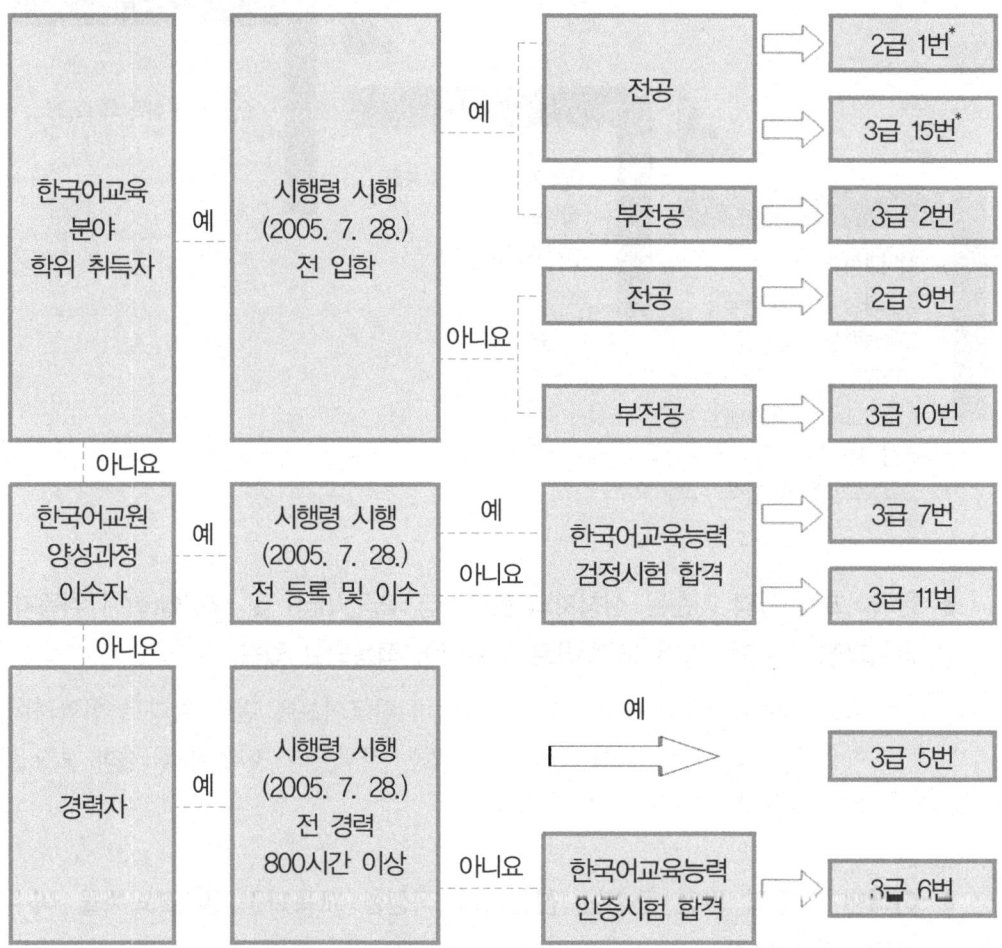

* 2급 1번, 3급 15번은 학위 취득 당시 이수 학점에 따라 신청 구분
　세부 기준은 'Ⅱ장 개인 자격 부여' 19~21쪽 참조

I. 한국어교원 자격제도 개요

- 승급

| 기존 2급 취득자 | ---- | 법정 기관** 에서 5년 이상, 2,000시간 이상 강의 | ⇒ | 1-12번 |

| 학위 취득에 의한 기존 3급 취득자 | ---- | 법정 기관에서 3년 이상, 1,200시간 이상 강의 | ⇒ | 2-13번 |

| 학위 취득 외의 요건에 의한 기존 3급 취득자 | ---- | 법정 기관에서 5년 이상, 2,000시간 이상 강의 | ⇒ | 2-14번 |

** 법정 기관 관련 세부 기준은 'II장 개인 자격 부여' 27~28쪽 참조

(3) 자격 부여 절차

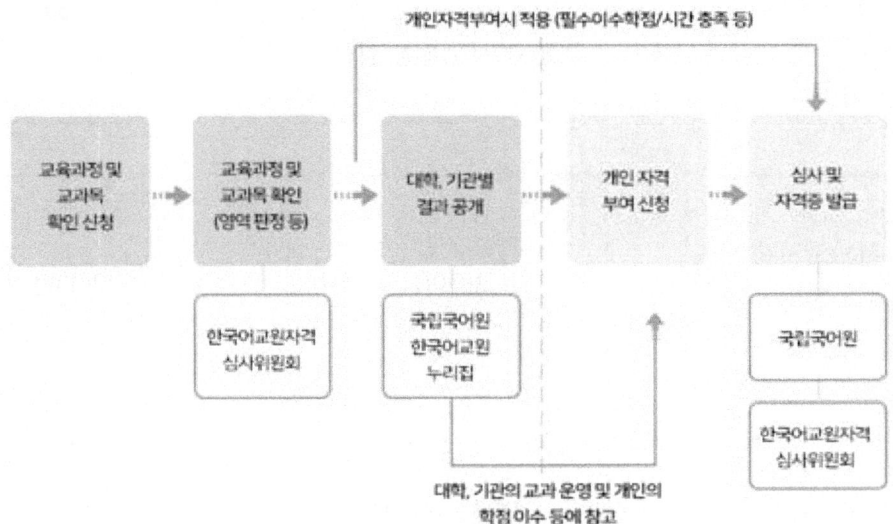

▎ 개인 자격 부여
　신청자가 소정의 서류를 갖추어 심사 신청을 하면 심사위원회의 자격 심사를 통해 법정 요건 및 기준을 갖춘 신청자에게 자격증을 부여함.

▎ 대학 및 양성기관 교육과정 및 교과목 확인
　개인 자격 부여 신청자의 적정 교육과정·교과목 이수 여부는 심사위원회의 교육과정·교과목의 기준 적합 확인 심사 결과에 의거하여 판단함.

I. 한국어교원 자격제도 개요

참고 1 　한국어교원 자격 심사 일정

- **개인 자격 부여: 연 3회**
  (1차: 3월 초~4월 말, 2차: 8월 초~10월 말, 3차: 12월 초~다음 해 1월 말)
- **대학 등의 교육과정 및 교과목 확인: 연 2회**(1차: 1월 초~2월 말, 2차: 6월 말~8월 말)

※ 자세한 심사 시기는 매년 초 국립국어원 한국어교원 누리집(https://kteacher.korean.go.kr/)
'알립니다'에서 확인 가능

참고 2 　한국어교원 자격증 취득자의 활동 영역

- 국내외 대학 및 대학 부설기관
- 외국어로서의 한국어 수업이 개설된 국내외 초·중·고등학교
- 외국어로서의 한국어를 가르치는 국내외 정부기관
- 다문화가족지원센터, 외국인근로자지원센터, 사회통합프로그램 운영기관 등
- 국내외 세종학당 및 세종교실, 한국 문화원, 한글학교, 한국교육원 등
- 해외 진출 기업체, 국내외 일반 사설학원 등

참고 3 한국어교육능력검정시험(한국어교원 양성과정 관련)

- 한국어교원 양성과정 이수자가 한국어교원 자격(3급)을 취득하기 위해서는 반드시 한국어교육능력검정시험에 합격해야 함.

  【주의】한국어교육능력검정시험 합격증과 한국어교원 자격증은 별개이며, 자격증을 발급받기 위해서는 시험 합격 후 개인 자격 심사를 거쳐야 함.

  【주의】1차(필기) 시험일 이전에 한국어교원 양성과정(120시간)을 수료해야 한국어교원 자격을 취득할 수 있음.

- 주관: 한국산업인력공단
  ※ 문화체육관광부에서 한국산업인력공단에 위탁하여 시행

- 시험 일정: 연 1회
  (1차(필기)시험: 8~9월, 2차(면접)시험: 11월~12월)

- 시험 내용 및 합격 기준

1차(필기) 시험	2차(면접) 시험

○ 4개 영역
  - 한국어학
  - 일반언어학 및 응용언어학
  - 한국문화
  - 외국어로서의 한국어교육론
○ 1차 합격 기준
  - 4개의 각 영역에서 40% 이상 득점하고 총점(300점)의 60%인 180점 이상 득점 시 합격
	○ 면접 내용
	  - 전문지식의 응용능력
	  - 한국어능력
	  - 교사의 적성 및 교직관
	  - 인성 및 소양

※ 상세한 시험 일정 및 기출문제 정보 등 시험에 관한 자세한 사항은 한국산업인력공단 한국어교육능력검정시험 누리집
(http://www.q-net.or.kr/site/koreanedu, 1644-8000) 참조

Ⅱ 개인 자격 부여

1. 자격 부여 신청 절차
2. 등급 및 유형별 심사 기준

1. 자격 부여 신청 절차

(1) 한국어교원 자격 부여 신청 절차 흐름도

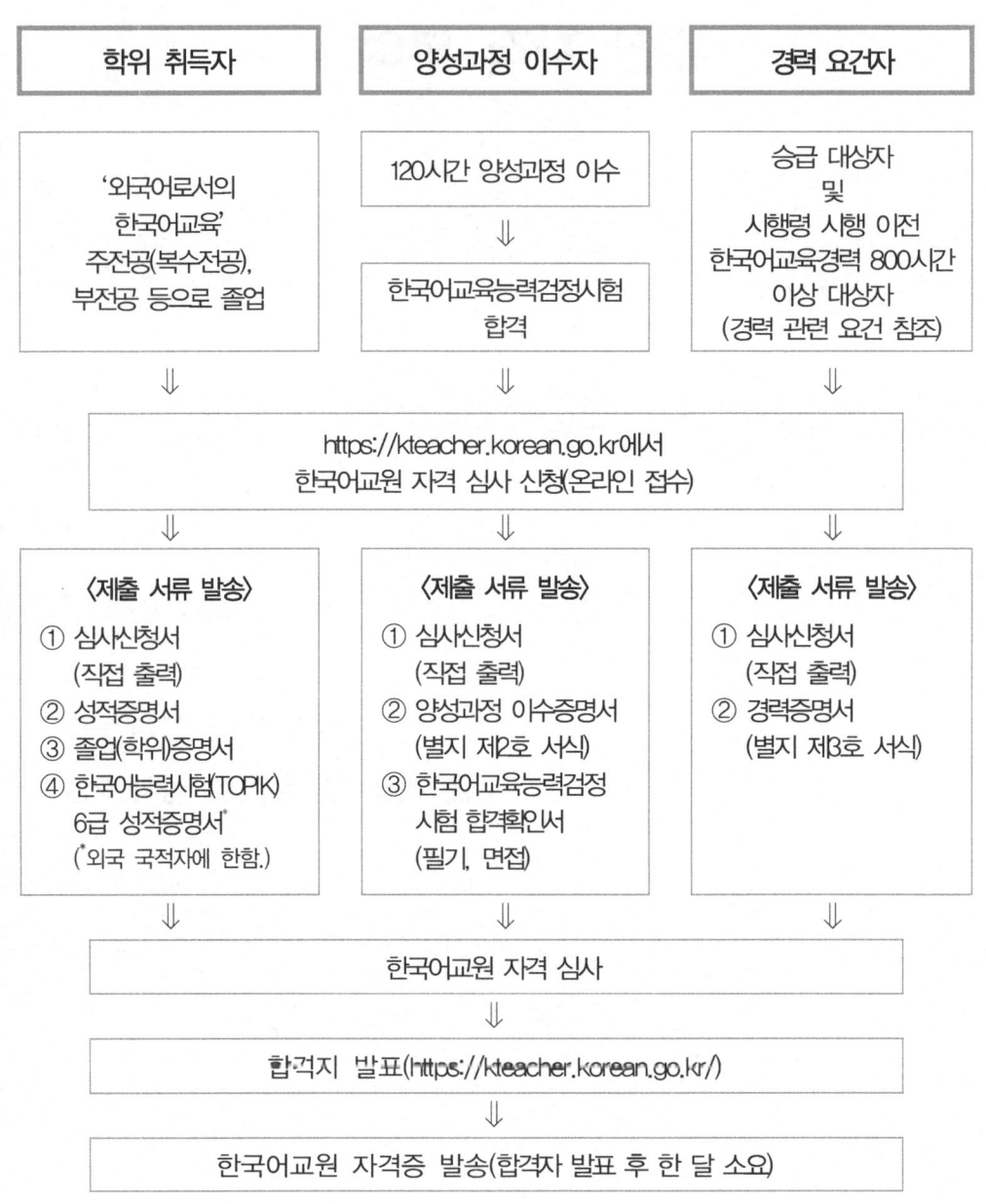

II. 개인 자격 부여

2. 등급 및 유형별 심사 기준

(1) 등급 및 유형 구분

가. 일반 취득

'2005. 7. 28. 이후 대학(원) 등 입학자 및 양성과정 이수자

조건	급종	번호	참고	자주 하는 질문
대학(원)에 입학하여 한국어교육 분야를 주전공 또는 복수전공으로 하여 [별표 1]에 따른 영역별 필수이수학점을 이수한 후 학위를 취득한 사람	2급	9번	13~16쪽	113쪽 ①②③ 114쪽 ④⑤⑥ 115쪽 ⑧⑨
대학에 입학하여 한국어교육 분야를 부전공으로 하여 [별표 1]에 따른 영역별 필수이수학점을 이수한 후 학위를 취득한 사람	3급	10번		
[별표 1]에 따른 영역별 필수이수시간을 충족하는 한국어교원 양성과정을 이수한 후 한국어교육능력 검정시험에 합격한 사람	3급	11번	16~18쪽	116쪽 ①②③④ 117쪽 ⑤

'2005. 7. 28. 전 대학(원) 입학자 또는 경력 요건자 등

조건	급종	번호	참고	자주 하는 질문
*대학(원)에 입학하여 한국어교육 분야를 주전공 또는 복수전공으로 하여 학위를 취득한 사람	2급 3급	1번 15번	19~21쪽	113쪽 ①② 114쪽 ④⑤⑥⑦ 115쪽 ⑧
대학에 입학하여 한국어교육 분야를 부전공으로 학위를 취득한 사람	3급	2번		
800시간 이상의 한국어교육경력을 가진 사람	3급	5번	21쪽	118쪽 ③④ 119쪽 ⑤⑥
한국어교육능력인증시험에 합격한 사람	3급	6번	22쪽	
한국어교원을 양성하는 과정을 이수한 후, 국어기본법 시행령 제14조에 따른 한국어교육능력 검정시험에 합격한 사람	3급	7번	23쪽	116쪽 ③④ 117쪽 ⑤⑥

* 학위 취득 당시 이수한 학점에 따라 2급 1번 또는 3급 15번으로 신청 등급이 구분됨.

나. 승급

조건	급종	번호	참고	자주 하는 질문
한국어교원 2급 자격 취득 후 한국어교육경력이 5년 이상이며, 강의 시수가 2,000시간 이상인 사람	1급	12번	24~28쪽	118쪽 ①②③④ 119쪽 ⑤⑥
학위과정으로 한국어교원 3급 자격 취득 후 한국어교육경력이 3년 이상이며, 강의 시수가 1,200시간 이상인 사람	2급	13번		
양성과정, 한국어교육능력인증시험, 800시간 경력으로 한국어교원 3급 자격 취득 후 한국어교육경력이 5년 이상이며, 강의 시수가 2,000시간 이상인 사람	2급	14번		

(2) 등급 및 유형별 심사 기준

가. 일반 취득

⟨2005. 7. 28. 이후 대학(원) 등 입학자 및 양성과정 이수자⟩

> 2005. 7. 28. 이후 대학(원)에 입학(학점은행제 포함)한 학위 취득자

▌대상

- 한국어교육 분야를 주전공 또는 복수전공, 부전공 등으로 하여 영역별 필수이수 학점을 취득한 후 학사 이상의 학위*를 취득한 사람

    * 국어기본법상 대상이 국내로 한정되기 때문에 외국 대학(원)의 학위는 인정하지 않음.

▌신청 등급 및 유형

등급 및 유형	해당 조건
2급 9번	한국어교육 분야를 주전공 또는 복수전공으로 하여 영역별 필수이수학점을 취득한 후 학사 이상의 학위 취득
3급 10번	한국어교육 분야를 부전공으로 하여 영역별 필수이수학점을 취득한 후 학사 학위 취득

▌제출 서류

- 한국어교원 자격 심사신청서[국어기본법 시행령 별지 제1호 서식](직접 출력)
- 졸업(학위)증명서
- 성적증명서
- 한국어능력시험(TOPIK, 토픽) 6급 성적증명서(외국 국적자만 해당되며, 개인 자격 부여 접수 시작일을 기준으로 2년 이내에 응시한 시험만 유효함.)

자격 취득 절차

- 2급 9번

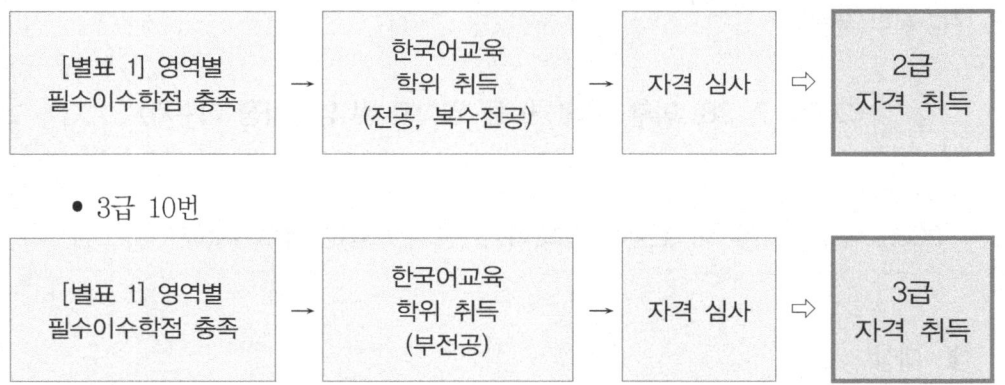

- 3급 10번

세부 심사 기준

- 영역별 필수이수학점

영 역	학사 학위 취득자		석·박사 학위 취득자
	전공(복수전공)	부전공	
	2급	3급	2급
1. 한국어학	6학점	3학점	3~4학점
2. 일반 언어학 및 응용 언어학	6학점	3학점	
3. 외국어로서의 한국어 교육론	24학점	9학점	9~10학점
4. 한국 문화	6학점	3학점	2~3학점
5. 한국어 교육 실습	3학점	3학점	2~3학점
합 계	45학점	21학점	18학점

- 영역별 필수이수학점은 학사, 석사 또는 박사 과정별로 각각 분리하여 적용

II. 개인 자격 부여

⟨기준 적용 해설⟩

- 개인 자격 부여 시, 기관의 교육과정 및 교과목 확인 결과를 적용하여 영역별 필수이수학점 충족 여부를 심사함.
  【주의】미심사 및 부적합 과목을 이수한 경우, 이는 영역별 필수이수학점으로 인정되지 않으므로 수강생은 교과목을 수강하기 전 반드시 교과목 적합 여부를 확인한 후 이수해야 함.
    ※ 교과목 확인은 '한국어교원자격심사 누리집(https://kteacher.korean.go.kr) – 교육기관 – 학위 과정 – 해당 교육기관명'에서 확인하여야 함.
    ※ 수강한 과목명과 심사받은 과목명이 불일치할 경우, 미심사 과목으로 분류되어 필수이수학점으로 인정되지 않음.
- 동일한 학위과정 내에서 영역별 필수이수학점을 취득해야 함.
  ※ 선수 과목 및 보충 과목은 필수이수학점으로 인정하지 않음.
- 학점교류로 필수이수학점에 해당하는 교과목을 수강한 경우 성적증명서상에 학점교류기관명을 명시해야 함(교과목명 및 학점교류기관명이 포함된 공문으로 대체 가능).
  ※ 학점교류기관에 개설된 한국어교육 전공도 교육과정 및 교과목 심사에서 적합 판정을 받은 경우에만 인정함.
- 부전공 과정은 전공 과정이 설치되어 있는 경우에만 인정 가능함.
- 전과 또는 편입학을 한 경우, 전과한 시점 또는 편입학 연도를 기준으로 적용함.
- 동일 전공 편입학 관련, 외국어로서의 한국어교육 전공자가 타 대학 동일 전공으로 편입한 경우, 전적 대학에서 이수한 교과목이 일부 인정될 수 있음.
  ※ 편입 전, 후 대학 모두 교육과정 및 교과목 심사에서 적합 판정을 받은 필수이수학점에 해당하는 교과목인 경우에만 인정함.
  ※ 한국어교육 전공으로 재학 중이던 기관이 폐교되어 동일 전공으로 편입하는 경우도 같은 기준을 적용함.

【교과목 부적합 판정 시 유의 사항】

- 대학(원) 및 학점은행제의 교과목 심사에서 일부 교과목이 '부적합' 판정되는 경우, 해당 교과목을 수강한 학생은 필수이수학점 부족으로 불합격될 수 있음.

- '부적합' 시기('적합' 판정 전)에 수강한 자가 개인 자격 부여 시, 심사 서류와 함께 소명자료*를 제출할 경우, 심사위원회에서 검토하여 인정 여부를 결정함.

> *소명자료
> : 교재, 강의 자료, 과제, 발표 자료, 시험 문제, 답안지 등 수업 전반에 걸친 자료들을 통해 적합한 강의계획서의 내용을 2/3 이상 증빙할 수 있어야 하며, 제출한 소명자료대로 실제 운영되었음을 확인하는 <u>총장 명의의 공문(필수)</u>, <u>학과장의 서명이 담긴 소명서(필수)</u>가 첨부되어야 함.

- 과목명 및 영역 오기 등의 사유는 추후 적합 판정을 받을 경우 소급 적용 가능함.

2005. 7. 28. 이후 양성과정 이수자

▌대상

- 영역별 필수이수시간을 충족하는 한국어교원 양성과정을 이수한 후, 한국어교육능력검정시험에 합격한 사람

▌신청 등급 및 유형

등급 및 유형	해당 조건
3급 11번	한국어교원 양성과정 이수 후, 한국어교육능력검정시험에 합격

제출 서류

- 한국어교원 자격 심사신청서[국어기본법 시행령 별지 제1호 서식](직접 출력)
- 한국어교원 양성과정 이수증명서[국어기본법 시행령 별지 제2호 서식]
- 한국어교육능력검정시험 합격확인서(필기/면접)

세부 심사 기준

- 영역별 필수이수시간

영 역	한국어교원 양성과정 3급
1. 한국어학	30시간
2. 일반 언어학 및 응용 언어학	12시간
3. 외국어로서의 한국어 교육론	46시간
4. 한국 문화	12시간
5. 한국어 교육 실습	20시간
합 계	120시간

- 한국어교원 양성과정 수료 후, 한국어교육능력검정시험에 합격한 사람에 한해서 인정함.

  ※ 1차(필기) 시험일 전에 한국어교원 양성과정을 모두 수료해야 함.

- 한국어교원 양성과정 최초 수업일로부터 만 2년 이내에 반드시 모든 과정을 수료하여야 함.

⟨기준 적용 해설⟩

- 개인 자격 부여 시, 기관의 교육과정 및 교과목 확인 결과를 적용하여 영역별 필수이수시간 충족 여부를 심사함.
  【주의】 적합 판정 받은 교과목명과 이수증명서의 교과목명이 100% 일치하지 않을 시 (미심사 및 부적합 과목을 이수한 경우) 필수이수시간으로 인정받지 못하므로 심사 신청 전에 이수증명서와 대조하여 필수이수시간 충족 여부를 확인하여야 함.
  ※ 교과목 확인은 '한국어교원자격심사 누리집(https://kteacher.korean.go) - 교육기관 - 비학위 과정 - 해당 교육기관명'에서 확인하여야 함.

- 동일한 양성과정 내에서 영역별 필수이수시간을 모두 이수해야 함.

- 이수한 한국어교원 양성과정이 교육과정 및 교과목 확인에서 부적합 판정을 받을 경우, 해당 신청자는 불합격할 수도 있음.

【 불합격의 예 】

양성기관이 3영역을 46시간으로 개설하였더라도 3영역 과목인 '한국어발음교육론'이 부적합 판정을 받을 경우, 이 과목의 이수 시간은 제외되어 3영역 필수이수시간 부족으로 불합격 판정함.

【 소명자료 관련 기준 】

- 행정적 착오 등으로 인해 제출하려는 이수증명서가 이전에 자격 심사 서류로 제출했던 이수증명서와 달라진 경우 소명자료를 제출하여야 함.

  *소명자료
  : 모집 공고문, 시간표, 강의 자료 등을 통해 변경된 이수증명서대로 실제 운영되었음을 증빙할 수 있어야 하며, 변경된 이수증명서대로 실제 운영하였다는 것을 확인하는 기관장의 공문(필수), 기관장의 서명이 담긴 소명서(필수)가 첨부되어야 함.

자격 취득 절차

- 3급 11번

[별표 1] 영역별 필수이수시간 충족 → 한국어교육능력 검정시험 합격 → 서식 심사 ⇨ 3급 자격 취득

II. 개인 자격 부여

〈2005. 7. 28. 전 대학(원) 입학자 및 경력 요건자 등〉

2005. 7. 28. 전 대학(원) 입학 후 학위 취득자

▍대상

- 2005. 7. 28. 전에 대학(원)에 입학하여 외국어로서의 한국어교육 분야를 주전공 또는 복수전공, 부전공 등으로 하여 3영역(외국어로서의 한국어 교육론)*과 5영역(한국어 교육 실습) 과목을 일정 학점 이상 이수한 후, 학사 이상의 학위**를 취득한 사람

    *3영역 과목은 최소 2학점 이상 이수해야 함.
    **국어기본법상 대상이 국내로 한정되기 때문에 외국 대학(원)의 학위는 인정하지 않음.

▍신청 등급 및 유형

등급 및 유형	해당 조건
2급 1번	2005. 7. 28. 전에 대학(원)에 입학하여 한국어교육 분야를 **주전공 또는 복수전공**으로 하여 3영역과 5영역 과목을 대학에서 18학점 이상 또는 대학원에서 8학점 이상 이수한 후 학사 이상의 학위 취득
3급 15번	2005. 7. 28. 전에 대학(원)에 입학하여 한국어교육 분야를 **주전공 또는 복수전공**으로 하여 3영역과 5영역 과목을 대학에서 10~17학점 또는 대학원에서 6~7학점 이수한 후 학사 이상의 학위 취득
3급 2번	2005. 7. 28. 전에 대학(원)에 입학하여 한국어교육 분야를 **부전공**으로 하여 3영역과 5영역 과목을 10학점 이상 이수한 후 학사 학위를 취득

▍제출 서류

- 한국어교원 자격 심사신청서[국어기본법 시행령 별지 제1호 서식](직접 출력)
- 졸업(학위)증명서
- 성적증명서
- 한국어능력시험(TOPIK, 토픽) 6급 성적증명서(외국 국적자만 해당되며, 개인 자격 부여 접수 시작일을 기준으로 2년 이내에 응시한 시험만 유효함.)

세부 심사 기준

2005. 7. 28. 전 대학(원) 입학 후 학위 취득자
(학위 취득은 2005. 07. 28. 이후라도 관계없음.)
- 단, 한국어교육 전공이 2005. 07. 28. 이후 개설된 경우는 해당하지 않음.

○ 심사 기준: 3영역, 5영역 이수 학점 합산
(단, 3영역 과목은 필수로 2학점 이상 반드시 이수해야 함.)

〈학사 학위 취득자〉
  ○ 전공/복수전공자
    · 18학점 이상 이수: 2급
    · 10~17학점 이수: 3급
    · 9학점 이하: 불합격
  ○ 부전공자
    · 10학점 이상: 3급

〈석·박사 학위 취득자〉
  · 8학점 이상 이수: 2급
  · 6~7학점 이수: 3급
  · 5학점 이하: 불합격

〈기준 적용 해설〉

- 신청자가 2005. 7. 28. 전에 입학하였더라도 '외국어로서의 한국어교육 전공(학과)'의 개설 시점을 기준으로 심사
  【예시】2003년도(시행령 시행 이전) 입학자라 하더라도 2006년에 한국어교육 전공이 개설되었을 경우, 시행령 시행 이후 기준으로 심사함.
- 5영역만으로 기준 학점을 채울 경우, 불합격 처리
  【주의】미심사 및 부적합 과목을 이수한 경우, 이를 필수이수학점으로 인정하지 않음.
  (교과목 부적합 판정 시 유의 사항은 16쪽 참조)

자격 취득 절차

- 2급 1번
- 3급 15번

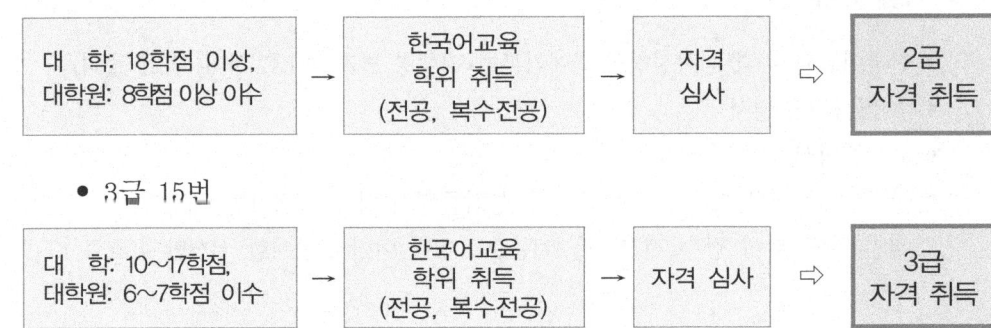

- 3급 2번

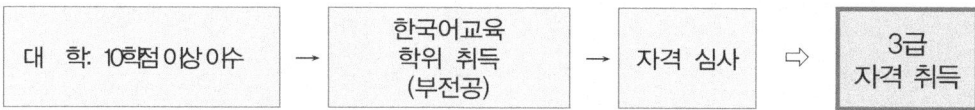

2005. 7. 28. 전 경력 요건자

대상

- 2005. 7. 28. 전에 한국어교육경력이 인정되는 기관 또는 단체에서 800시간 이상 강의한 경력이 있는 사람

신청 등급 및 유형

등급 및 유형	해당 조건(심사 기준과 동일)
3급 5번	2005. 7. 28. 전에 경력 인정 기관 또는 단체에서 한국어교육에 해당하는 내용*으로 800시간 이상 강의

* 한국어교육경력 인정 범위 및 기관의 범위는 27~28쪽 [참고 4] 참조

제출 서류

- 한국어교원 자격 심사신청서[국어기본법 시행령 별지 제1호 서식](직접 출력)
- 한국어교육 경력증명서[국어기본법 시행령 별지 제3호 서식]
  (경력증명서 양식에 관한 내용은 25쪽 참조)

자격 취득 절차

- 3급 5번

2005. 7. 28. 전 인증시험 합격자

▮ 대상

- 2005. 7. 28. 전에 한국어세계화재단에서 실시한 한국어교육능력인증시험에 합격한 사람

▮ 신청 등급 및 유형

등급 및 유형	해당 조건(심사 기준과 동일)
3급 6번	한국어교육능력인증시험에 합격 (2002년~2004년 한국어세계화재단 시행)

▮ 제출 서류

- 한국어교원 자격 심사신청서[국어기본법 시행령 별지 제1호 서식](직접 출력)
- 인증서(합격증)

▮ 자격 취득 절차

- 3급 6번

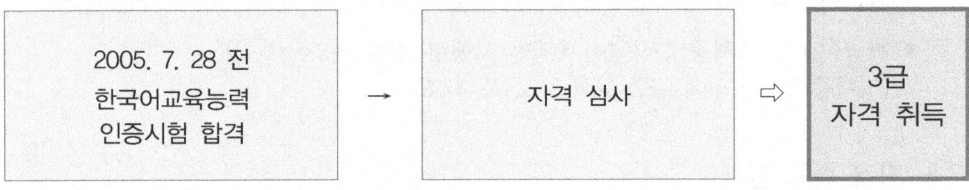

2005. 7. 28. 전 양성과정 등록 후 과정 이수자

▎대상

- 2005. 7. 28. 전에 한국어교원 양성과정에 등록하여 이수한 후 한국어교육능력검정시험에 합격한 사람

▎신청 등급 및 유형

등급 및 유형	해당 조건
3급 7번	- 2005. 7. 28. 전에 한국어교원 양성과정을 이수하고, 2005. 7. 28. 이후에 한국어교육능력검정시험에 합격 - 2005. 7. 28. 전에 한국어교원 양성과정을 등록하여, 2005. 7. 28. 이후에 이수한 후 한국어교육능력검정시험에 합격

▎제출 서류

- 한국어교원 자격 심사신청서[국어기본법 시행령 별지 제1호 서식](직접 출력)
- 한국어교원 양성과정 이수증명서[국어기본법 시행령 별지 제2호 서식]
- 한국어교육능력검정시험 합격확인서(필기/면접)

▎세부 심사 기준

- 2005. 7. 28. 이후에 한국어교육능력검정시험에 합격한 사람만 인정

  ※ 위 시험은 2006~2008년까지는 한국어세계화재단이, 2009년 이후부터는 한국산업인력공단이 주관

  - 영역별 필수이수시간인 120시간을 충족하지 않더라도 한국어교육능력검정시험에 합격할 경우, 한국어교원 3급 자격 취득 가능

▎자격 취득 절차

- 3급 7번

나. 승급

▍ 대상

- 한국어교원 자격증 2급 또는 3급을 취득한 후, 법정 요건을 충족하는 한국어교육 경력이 있는 사람

▍ 신청 등급 및 유형

등급 및 유형	해당 조건
1급 12번	2급 자격 취득 후 5년 이상의 강의 기간 + 2,000시간 이상의 강의 시수를 충족
2급 13번	학위과정으로 3급 자격을 취득한 후 3년 이상의 강의 기간 + 1,200시간 이상의 강의 시수를 충족
2급 14번	양성과정, 800시간 경력, 한국어교육능력인증시험으로 3급 자격 취득 후 5년 이상의 강의 기간 + 2,000시간 이상의 강의 시수를 충족

▍ 제출 서류

- 한국어교원 자격 심사신청서[국어기본법 시행령 별지 제1호 서식](직접 출력)
- 한국어교육 경력증명서[국어기본법 시행령 별지 제3호 서식]

▍ 세부 심사 기준

- 한국어교육경력이 인정되는 기관 또는 단체에서 외국어로서의 한국어를 가르친 경력이 있는 경우에만 인정함.
- 승급 심사 시, 한국어교원 자격 취득일 이후의 강의 경력만을 인정함.
- 강의 경력은 법에서 정한 강의 기간과 강의 시수를 모두 충족해야 함.

II. 개인 자격 부여

〈기준 적용 해설〉

- 여러 기관에서 한국어를 가르친 경우, 각 기관의 강의 시간을 합산하여 심사함.
- 강의 기간 1년의 기준: 한 해 100시간 이상 강의 또는 15주 이상 강의

【 승급 불합격의 예 】

▸ 2급 자격 취득일 이후 **4년의 강의 경력** + 2,800시간
   → 자격 취득 후 강의 기간 1년 부족으로 불합격
▸ 양성과정으로 3급 자격 취득 후 5년의 강의 경력 + **1,800시간**
   → 강의 시수 200시간 부족으로 불합격

【 경력증명서 양식 】

- **경력증명서는 반드시 시행규칙 [별지 제3호 서식]에 따라야 함.**
- 여러 기관에서 한국어를 가르친 경우, 각 기관별로 경력증명서를 발급받아야 함.
- 해외 기관 경력은 해당 국가의 언어 또는 영어로 경력증명서를 발급받은 후, 한국어로 번역하여 번역 공증을 받아야 함.
  - ※ 현지어(영어)로 발급 받은 [별지 제3호 서식]의 경력증명서와 [별지 제3호 서식]의 한국어 경력증명서에 같은 직인(서명)을 받거나, 한국어와 현지어(영어)를 병기하여 발급 받은 [별지 제3호 서식]의 경력증명서는 공증 생략 가능함.
  - ※ 단, 세종학당, 한국 문화원, 한국교육원은 국문본 경력증명서를 인정함.
  - ※ 한국국제협력단(코이카) 경력의 경우, 해외 기관이 아닌 '한국국제협력단'에서 발급 받은 [별지 제3호 서식]의 국문본 경력증명서도 인정 가능함.
- 경력증명서의 유효기간에 관하여 별도로 정해진 바가 없으나, 발급자 및 해당 기관의 담당 부서 연락처(담당자 휴대 전화 등 개인 연락처 불가)는 반드시 기재되어야 함.
  - ※ 담당자와 연락이 되지 않거나, 담당자가 사실 확인에 응하지 않을 경우, 한국어교육경력을 확인·인정할 수 없음.
- 기관이 폐교되어 [별지 제3호 서식]의 경력증명서를 발급받을 수 없는 경우, 법정 서식에 준하는 심사에 필요한 항목(연도별로 기재된 담당 과목명, 강의 시간, 강의 기간 등)이 폐교된 기관 발급 경력증명서에서 확인되어야 함.
- 수기로 작성된 서류는 인정하지 않음.

【추가 증빙 서류】

- 한국어교육경력 인정 기관 범위 해당 여부가 불명확할 때 기관의 법적 지위를 증빙할 수 있는 공식적인 자료(비영리법인 또는 비영리단체 등록증 및 외국인 정책에 관한 사업을 위탁받은 증빙 서류, 해외 단체의 경우 영사관·대사관의 확인 공문 등)를 함께 제출할 것을 권고함.
  ※ 한국어교육경력 인정 기관 범위는 27~28쪽 [참고 4] 참조
- 지방자치단체에서 사업을 위탁받았거나, 지방자치단체에서 운영하는 기관의 경우, 지방자치단체에서 직접 발급한 [별지 제3호 서식]의 경력증명서를 제출하여야 함.
- 사회통합프로그램, 레인보우스쿨 한국어교육 경력의 경우 경력증명서에 해당 내용을 기재하여야 함.
- 경력 인정 교과목에 해당하는지가 불명확할 때 경력 인정 여부의 판단 근거를 마련하기 위해 해당 수업 내용을 파악할 수 있는 자료(교안, 강의계획서 등)를 함께 제출할 것을 권고함.
  ※ 단, 과목명과 강의 내용은 반드시 일치하여야 하며, 일치하지 않을 경우 해당 과목은 인정하지 않음.
- 국내 대학의 전공교양 과목은 '외국인 전용 과목'을 증명할 수 있는 서류를 함께 제출하여야 함.

자격 취득 절차

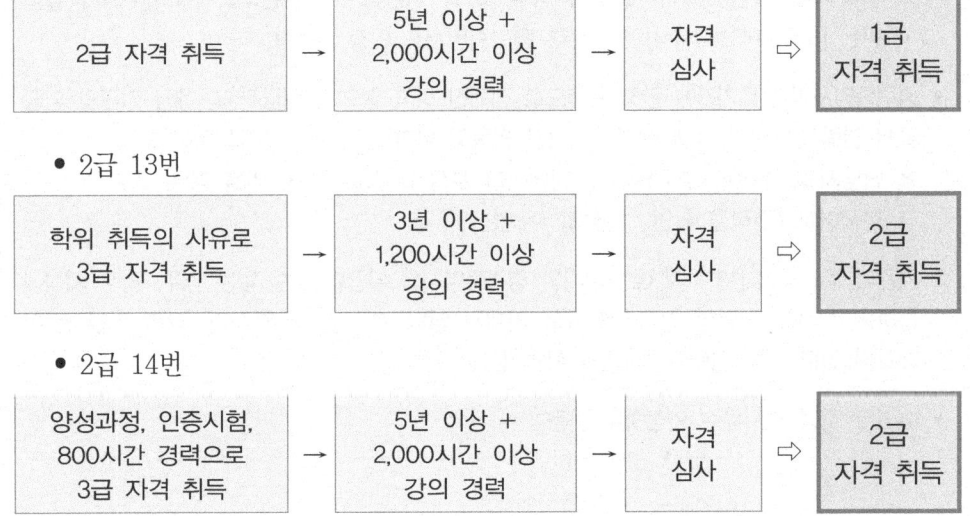

> **참고 4** 경력 인정 관련 기준 사항

▌ 한국어교육경력 인정 범위

- 외국인, 재외동포, 다문화 가족 구성원(다문화가정 자녀 포함)을 대상으로 한국어 초·중·고급, 한국어 말하기·듣기·읽기·쓰기 등과 같이 직접적으로 한국어 의사소통 능력을 증진시키는 교육 경력으로 한정함.
    【주의】한국 문화 등에 관한 교육 경력은 인정되지 않음.
- 국내 대학의 전공교양 과목은 반드시 '외국인 전용 과목'으로 개설된 것이어야 함.

▌ 한국어교육경력 인정 기관의 범위(국어기본법 시행령 제13조 제2항)

- 외국어로서의 한국어 강의가 개설된 국내 대학 및 대학 부설기관, 국내 대학에 준하는 외국의 대학 및 대학 부설기관
- 외국어로서의 한국어 수업이 개설된 국내외 초·중·고등학교
- 외국어로서의 한국어를 가르치는 국가, 지방자치단체 또는 외국 정부기관
- 「재한외국인 처우 기본법」 제21조에 따라 외국인정책에 관한 사업을 위탁받은 비영리법인 또는 비영리단체
- 「외교부와 그 소속기관 직제」 제55조에 따른 문화원 및 「재외국민의 교육지원 등에 관한 법률」 제28조에 따른 한국교육원
- 그 밖에 문화체육관광부장관이 문화체육관광부령으로 정하는 바에 따라 한국어 교육경력이 인정되는 기관 등으로 정하여 고시하는 기관 등

【 한국어교원자격 관련 한국어교육 경력 인정 기관 】

〈문화체육관광부 고시 제2022-21호〉

1. 세종학당재단이 지정한 세종학당
2. 다음의 어느 하나에 해당하는 기관으로서 외국인근로자를 대상으로 한국어교육을 시행하는 기관
   가. 「외국인근로자의 고용 등에 관한 법률」 제24조에 따라 국가로부터 지원을 받는 기관 또는 단체
   나. 지방자치단체의 장으로부터 가목에 준하는 업무를 위탁받아 수행하는 기관 또는 단체
3. 「다문화가족지원법」 제12조 제1항에 따라 지정받은 다문화가족지원센터
4. 「초·중등교육법」 제60조의2에 따른 외국인학교와 제60조의3에 따른 대안학교
5. 「초·중등교육법」 제28조에 따라 각 지방교육청의 장으로부터 위탁을 받아 운영하는 교육기관
6. 국내외 기관에 한국어교육 프로그램의 운영을 위탁하거나 한국어교원을 파견하는 「공공기관의 운영에 관한 법률」 제4조 제1항 각 호에 따른 공공기관
7. 「청소년복지지원법」 제30조에 따른 이주배경청소년지원센터 및 이와 관련된 업무를 위탁받아 운영하는 기관
8. 시·도 교육청이 지정한 한국어 학급을 설치한 유치원

※ 다문화가족지원센터의 집합 및 방문 한국어교육경력, 법무부 사회통합 프로그램, 레인보우스쿨 프로그램을 통한 한국어교육경력도 인정 가능함. 단, 경력 인정 기관의 범위에 해당하는 기관이 아닌 경우 법무부 사회통합 프로그램, 레인보우스쿨 프로그램 외 수업은 인정되지 않음.

※ 지방자치단체에서 사업을 위탁받았거나, 지방자치단체에서 운영하는 기관의 경우, 지방자치단체에서 직접 발급한 경력증명서를 제출해야 경력으로 인정함.

II. 개인 자격 부여

참고 5 개인 심사 관련 서식

[시행규칙 별지 제1호 서식]

한국어교원 자격 심사신청서

● 작성 시 유의 사항을 참고하시기 바랍니다. 어두운 칸은 신청인이 작성하는 곳이 아닙니다. (앞쪽)

접수 번호		접수일		처리 기간 50일	
신청인	①성명	(한글)		최근 6개월 이내에 촬영한 본인 사진 (3.5×4.5㎝)	
		(영문) ※여권에 적힌 이름			
	②생년월일		③국적		
	④주소 ※자격증 발급 시 수령할 수 있는 주소				
	⑤휴대 전화 (전화)		⑥전자 우편		
	⑦신청 등급 (　)급-(　)번		⑧한국어교원 자격증 소지자(해당자만 기재) 자격증 번호:　　　　자격 취득일: 취득 유형:(　)급 (　)번		
⑨학력	부터	까지	한국어교육 분야 학력 ('학교명과 학과명' 또는 '학교명과 전공명' 기재)		
	. .	. .			
⑩양성과정	부터	까지	한국어교원 양성 과정 이수 기관명	이수 시간	
	. .	. .			
⑪ 한국어 교육 근무 경력	부터	까지	근무 기관	직위(급)	
	. .	. .			
	. .	. .			
	. .	. .			

「국어기본법」 제19조제2항, 같은 법 시행령 제13조 및 같은 법 시행규칙 제5조제1항에 따라 한국어교원 자격 심사를 신청합니다.

년　　월　　일

신청인　　(서명 또는 인)

문화체육관광부장관　　귀하

첨부 서류	뒤쪽 참조	수수료 없음

작성 시 유의 사항

- ④번의 주소로 자격증을 발송하게 되오니 주소를 정확히 적으십시오.
- ⑧번 칸부터 ⑪번 칸까지는 해당자만 적으십시오.
- ⑪번의 직위(급) 칸에는 '수습강사, 시간강사, 전임강사' 등으로 적으십시오.

210mm×297mm[백상지(80g/㎡) 또는 중질지(80g/㎡)]

(뒤쪽)

등급	해당 규정	붙임 서류
1급	1. 「국어기본법 시행령」 제13조제1항제1호에 따른 자격 요건을 충족하는 사람	한국어교육 경력증명서
2급	2. 「국어기본법 시행령」 제13조제1항제2호가목에 따른 자격 요건을 충족하는 사람 3. 「국어기본법 시행령」 제13조제1항제2호나목 및 다목에 따른 자격 요건을 충족하는 사람	가. 졸업증명서(학위 증명서로 대신할 수 있습니다) 나. 성적증명서(제13조제1항제2호가목에 해당하는 경우 외국 국적을 가진 사람은 「국어기본법 시행령」 제13조제1항제2호가목 후단에 따른 시험의 성적증명서를 추가로 제출하여야 합니다)
	4. 「국어기본법 시행령」 제13조제1항제2호라목 및 마목에 따른 자격 요건을 충족하는 사람	한국어교육 경력증명서
3급	5. 「국어기본법 시행령」 제13조제1항제3호가목에 따른 자격 요건을 충족하는 사람 6. 「국어기본법 시행령」 제13조제1항제3호다목·라목 및 마목에 따른 자격 요건을 충족하는 사람	가. 졸업증명서(학위 증명서로 대신할 수 있습니다) 나. 성적증명서(제13조제1항제3호가목에 해당하는 경우 외국 국적을 가진 사람은 「국어기본법 시행령」 제13조제1항제3호가목 후단에 따른 시험의 성적증명서를 추가로 제출하여야 합니다)
	7. 「국어기본법 시행령」 제13조제1항제3호나목에 따른 자격 요건을 충족하는 사람 8. 「국어기본법 시행령」 제13조제1항제3호사목에 따른 자격 요건을 충족하는 사람	가. 한국어교원 양성과정 이수증명서 나. 「국어기본법 시행령」 제14조 한국어교육능력 검정시험 합격 확인서
	9. 「국어기본법 시행령」 제13조제1항제3호바목에 따른 자격 요건을 충족하는 사람으로 한국어교육경력으로 자격 요건을 인정받는 사람	한국어교육 경력증명서
	10. 「국어기본법 시행령」 제13조제1항제3호바목에 따른 자격 요건을 충족하는 사람으로 한국어세계화재단의 한국어교육능력을 인증하는 시험에 합격한 사람	한국어교육능력인증시험 합격 증명서

처리 절차

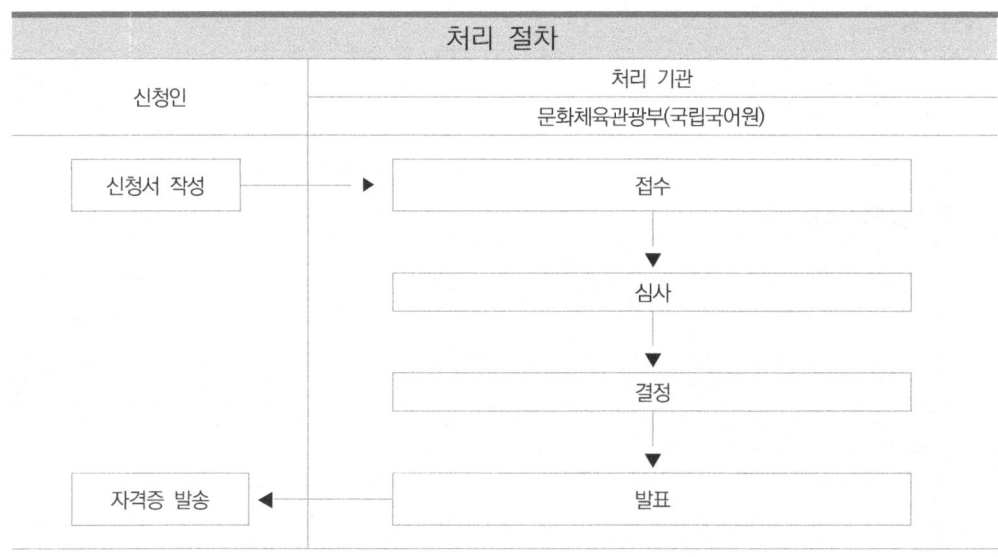

[시행규칙 별지 제2호 서식]

한국어교원 양성과정 이수증명서

발행 기관 관리 문서 번호							
신청인	성명				생년월일		

이수 내용	연도	학기	이수 기간	이수 과목	이수 시간	「국어기본법 시행령」 별표 1에 따른 영역	영역별 이수 시간
						1. 한국어학	
						2. 일반언어학 및 응용언어학	
						3. 외국어로서의 한국어 교육론	
						4. 한국문화	
						5. 한국어교육 실습	
총 이수 시간			( )시간				

위 사람은 위와 같이 한국어교원 양성과정을 이수하였음을 증명합니다.

년   월   일

발급 기관의 장   [직인]

담당자		
발급 기관명(부서명)		주소
담당자 이름	전화번호	전자 우편

210mm×297mm[백상지(80g/㎡)]

[시행규칙 별지 제3호 서식]

한국어교육 경력증명서
(Certificate of Career in Korean Language Education)

발행 기관 관리 문서 번호 (Certificate No.)						
신청인 (Applicant)	성명(Full Name)				생년월일(Date of Birth)	

	연도 (Year)	학기 (Semester)	담당 과목명 (Subject)	강의 시간 (Lecture Hours)	강의 기간 (Period of Lecture)	비고 (Remarks)
강의 경력 (Lecturing Experience)						
강의 시간 합계 (Total Lecture Hours)			( ) 시간(hours)			

위 사람은 위와 같이 외국어로서의 한국어교육 경력이 있음을 증명합니다.
This is to certify that the statements above are true and correct.

년 월 일
(Date of Issue . . .)

발급 기관의 장
(Head of Organization)

직인
(Official Seal)

담당자(Supervisor)			
발급 기관명(부서명) (Issuing Organization's Name (Department))		주소(Address)	
담당자 이름 (Full Name)	전화번호 (Phone Number)	전자 우편(E-mail)	

210mm×297mm [백상지 80g/㎡]

대학 등의 교육과정 및 교과목 확인

1. 개요
2. 시기 및 절차
3. 내용 및 기준
4. 유의 사항

1. 개 요

(1) 대학 등의 교육과정 및 교과목 확인이란?

> 대학(원) 및 양성기관에서 운영하는 교육과정과 교과목이 교원 자격 관련 법정 기준에 적합한지 여부를 사전에 확인하는 것

▎ **목적:** 양질의 한국어교원 양성 및 한국어교육 정상화에 기여

▎ **근거:** 국어기본법 시행령(제13조의 2) 및 같은 법 시행규칙 제6조

▎ **내용**

- 교육과정 확인: 신청 교육과정이 영역별 과목 및 필수이수학점의 기준에 적합하게 구성되어 있는지를 확인함.

- 교과목 확인: 신청 교과목이 신청 영역에 부합하는 교육 내용으로 이루어져 있는지를 확인함.

▎ **결과의 활용:**

- 개인 자격 부여 시, 기준으로 활용

- '국립국어원 한국어교원 누리집'에 데이터베이스(DB)를 구축하여 교육기관 및 개인에게 공개
    - 대학 등 교육기관은 교육과정, 교과목 등 개설 시에 참고
    - 자격 취득 희망자는 교육기관 선택 시에 교과목 심사 여부 등을 미리 확인

III. 대학 등의 교육과정 및 교과목 확인

2. 시기 및 절차

(1) 대상 및 시기

▍대상

- 한국어교육 전공 과정이 개설된 대학 또는 대학원
  (학부, 일반대학원, 교육대학원 등 각 전공 과정별)

- 학점은행제(외국어로서의 한국어학) 운영기관

- 양성기관

▍시기: 연 2회(1~2월, 6~8월)

【주의】미심사 과목은 필수이수학점 또는 필수이수시간으로 인정되지 않으므로, 반드시 강의를 개설하기 전에 교육과정 및 교과목 확인을 받는 것을 원칙으로 함 (자세한 내용은 45쪽 참조).

(2) 절차 및 방법

'국립국어원 한국어교원 누리집'(https://www.kteacher.go.kr)을 통한
'대학 등의 교육과정 및 교과목 확인' 온라인 신청

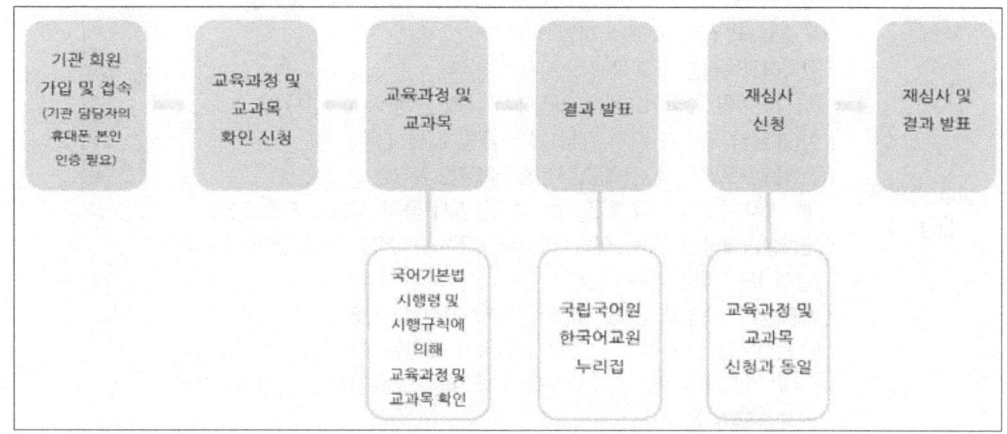

※ 교육기관은 교육과정 및 교과목 확인 신청을 위해서 반드시 국립국어원 한국어교원 누리집 (https://kteacher.korean.go.kr)에 기관회원으로 가입해야 함.(자세한 내용은 47쪽 참조)

(3) 신청 대상별 제출 서류

▌대학 및 대학원 / 학점은행제 운영기관

대상		제출 서류 (국립국어원 한국어교원 누리집 입력 및 첨부)	비 고
전공 과정 신규 개설 시	교육 과정	• 한국어 교육과정 확인신청서 첨부* [시행규칙 별지 제6호 서식]	이미 '적합' 판정받은 교육과정 및 교과목은 제외 (※ 단, 대폭 개편될 경우는 신청 필요)

	교
	과
	목
		• 한국어교육 과목 확인신청서 입력
		[시행규칙 별지 제5호 서식]
		※ 재심사 신청 시에는 파일 첨부
		• 과목별 강의계획서 첨부(개별 양식)
		※ 학점은행제 기관은 신청할 교과목이 포함된 학습과정
		  평가인정서 및 학습과정 평가결과서(교육부 국가평생
		  교육진흥원 발급)도 함께 제출해야 함.	

교육과정 대폭 개편 시		• 위의 "신규 개설"과 동일	

교과목 신규
(또는 개편)
개설
		• 한국어교육 과목 확인신청서 입력[시행규칙 별지 제5호 서식]
		※ 재심사 신청 시에는 파일 첨부
		• 과목별 강의계획서 첨부(개별 양식)
		※ 학점은행제 기관은 신청할 교과목이 포함된 학습과정 평가인정서
		  및 학습과정 평가결과서(교육부 국가평생교육진흥원 발급)도 함께
		  제출해야 함.	

실습 교과목
신청 시
		• 한국어교육 과목 확인신청서 입력[시행규칙 별지 제5호 서식]
		※ 재심사 신청 시에는 파일 첨부
		• 한국어교육실습 교과목 강의계획서 첨부
		  (국립국어원 한국어교원 누리집에서 내려 받은 서식 사용)
		• 실습 담당 교수자 자격 해당 유형 증빙 서류 첨부
		  : 학위(수료)증명서, 경력증명서, 한국어교원 자격증
		  ※ 박사 수료일자가 확인되는 성적증명서 등의 서류도 제출 가능
		• 현장실습협약서 또는 실습 의뢰서 공문 및 실습 의뢰 결과 회보서
		  (결재 또는 직인 필수) 첨부
		• 국외 거주 수강생 관리 계획서 첨부(원격수업기관만 해당)
		※ 학점은행제 기관은 신청할 교과목이 포함된 학습과정 평가인정서
		  및 학습과정 평가결과서(교육부 국가평생교육진흥원 발급)도 함께
		  제출해야 함.	

III. 대학 등의 교육과정 및 교과목 확인

┃ 비학위 양성기관

대상	제출 서류 (국립국어원 한국어교원 누리집 입력 및 첨부)	비 고
양성과정 신규 개설 및 교육과정 개편 시(교과목명, 교과목 내용 변경 등)	•한국어교원 양성과정 확인신청서(전체 교육 과정) 입력 [시행규칙 별지 제7호 서식] 　※ 재심사 신청 시에는 파일 첨부 •과목별 강의계획서 첨부* 　※ 교육과정 개편 시에는 심사가 필요한 강의계획서만 첨부 •한국어교원 양성과정의 운영 개요 첨부* 　※ 재심사 신청 시에도 동일하게 제출 (국립국어원 한국어교원 누리집에서 내려 받은 서식 사용)	이미 '적합' 판정받은 교육과정 및 교과목 제외 (※ 단, 대폭 개편될 경우는 신청 필요)
실습 교과목 신청 시	•한국어교원 양성과정 확인신청서(전체 교육 과정) 입력 [시행규칙 별지 제7호 서식] 　※ 재심사 신청 시에는 파일 첨부 •한국어교육실습 교과목 강의계획서 첨부 (국립국어원 한국어교원 누리집에서 내려 받은 서식 사용) •실습 담당 교수자 자격 해당 유형 증빙 서류 첨부 　: 학위(수료)증명서, 경력증명서, 한국어교원 자격증 　※ 박사 수료일자가 확인되는 성적증명서 등의 서류도 제출 가능 •현장실습협약서 또는 실습 의뢰서 공문 및 실습 의뢰 결과 회보서 (결재 또는 직인 필수) 첨부 　※ 자체 기관에서 현장실습을 진행할 경우, 실습계획문서로 대체 가능 •국외 거주 수강생 관리 계획서 첨부(원격수업기관만 해당)	

* 시행규칙 별지 서식 및 양성과정 제출 서류는 국립국어원 한국어교원 누리집– [도움방] – [자료실] – '기관 심사 관련 서식 파일'에서 내려 받기 가능함.
※ 제출 서류 중 '한국어교육 과목 확인신청서'[시행규칙 별지 제5호 서식], '한국어교원 양성과정 확인신청서'[시행규칙 별지 제7호 서식]는 국립국어원 한국어교원 누리집 (https://kteacher.korean.go.kr) 입력으로 갈음하며, 그 외의 첨부 서류는 파일로 업로드해야 함.
※ 심사 신청 시, 서류 누락 및 첨부 오류로 인한 불이익이 발생하지 않도록 주의하기 바람.

(4) 부적합 교육과정 및 교과목 재심사

┃ 재심사는 해당 회 차의 '교육과정 및 교과목 확인' 결과 발표에 이어 바로 진행

┃ 최초 판정의 부적합 사유를 참고하여 제출 서류를 보완 후 신청
　(부적합 사유 및 예시는 42쪽 참조)

3. 내용 및 기준

(1) 교육과정

가. 학위과정

▌ 한국어교육 전공(학과) 또는 석·박사 과정이 별도의 교육과정으로 분리하여 개설·운영되는지 여부

▌ 영역별 필수이수학점에 부합하는 교육과정으로 구성되었는지 여부

▌ 교육과정 확인신청서, 교육 과목 확인신청서, 개별 교과목 강의계획서 및 교수요목상 교과목이 서로 일치하며 해당 영역에 잘 부합하도록 운영하는지의 여부

> 【주의 사항】
> 확인 신청한 전공(학과)명이 졸업(학위)증명서에 다르게 표기될 경우, 개인 자격 부여 신청자(수강생)에게 불이익이 발생할 수 있음.

나. 한국어교원 양성과정

▌ 교육과정 전체 교과목의 영역별 필수이수시간 충족 여부

▌ 양성과정 확인신청서 및 과목별 강의계획서상 교과목명, 영역, 시수가 서로 일치하며 해당 영역에 잘 부합하도록 운영하는지의 여부

> 【주의 사항】
> 제출 서류의 교과목명, 영역, 학점 및 시간 표기 중 어느 하나라도 불일치할 경우 부적합 판정 사유에 해당되므로 '교육과정 및 교과목 확인' 신청 시 이를 확인하여 기관 및 수강생의 피해가 없도록 해야 함.

(2) 교과목(영역 판정, 필수이수학점 및 시간 적합 여부)

▍한국어교육 전공 교과목 명칭

- 한국어교육 전공 교과목은 과목명에서 교육 내용이 명확히 드러나야 함.
  ※ 시행령 [별표 1]의 예시 과목은 예외
  - 1, 3, 5영역의 교과목은 과목명에 '한국어'가 포함되어야 함.
  ※ 3영역의 '한국문화교육론'은 예외
  - 2영역의 교과목은 과목명에 '한국어'가 포함되지 않는 것이 바람직함.
  - 4영역의 교과목은 과목명에 '한국'이 포함되어야 함.

- 한국어교원 자격 취득과 무관한 과목(명)은 인정되지 않음.
  예) 오리엔테이션, 종합시험, 연구방법론, 논문지도 등

※ **부적합 과목명 예시**

영역	부적합 과목명 예시	사유	적합한 과목명 예시
1영역	국어음운론	예시의 부적합 과목명은 내국인을 대상으로 하는 국어학에 해당하므로 외국어로서의 한국어교육을 위한 한국어학의 과목명으로 적합하지 않음.	한국어음운론
	국어문법론		한국어문법론
2영역	한국어습득론	예시의 부적합 과목명은 1영역인 한국어학과 혼동될 수 있으므로 일반 언어학 및 응용 언어학의 과목명으로 적합하지 않음.	외국어습득론
3영역	국어문법교육론	예시의 부적합 과목명은 내국인을 대상으로 하는 국어교육에 해당하므로 외국어로서의 한국어교육 과목명으로 적합하지 않음.	(외국어로서의) 한국어문법교육론
	국어교수법		(외국어로서의) 한국어교수법
	교안작성법		한국어교안작성법
	한국어문화교육론	과목명에서 강의 내용을 파악할 수 없음. 인정되지 않는 과목명임	한국언어문화교육론 한국문화교육론
	한국어문학교육론		한국문학교육론
4영역	현대문화비평론	한국 문화를 다루는 내용임을 확인할 수 없는 과목명임.	한국현대문화비평론
	전통문화론		한국전통문화론
	문학개론		한국문학개론
	현대시론		한국현대시론
5영역	교육실습/ 현장연구/현장지도/ 한국어지도론	한국어 교육 실습이 명확히 드러나지 않는 과목명임.	한국어교육실습

영역별 과목의 적합 여부에 대한 기준 및 예시 과목

- 1영역: 한국어학

    - 한국어의 다양한 특징과 현상, 한국어의 음운·문법·어휘·의미·화용·역사·어문규범 등의 내용을 다루는 영역
    - 일반 언어학과 구별하기 위하여 1영역 과목명에는 반드시 '한국어'가 명기되어야 함.
      ※ 단, 시행령 [별표 1]의 예시 과목은 예외로 함.
    - 한국어학의 지식 습득을 강의 내용으로 구성하고, 다른 영역의 내용(일반 언어학 또는 한국어 교수법 등) 또는 과목명과 다른 내용이 혼재되지 않아야 함.

    > 【 예시 과목 】
    > (한)국어학개론, 한국어음운론, 한국어문법론, 한국어어휘론, 한국어의미론, 한국어화용론, 한국어사, 한국어어문규범 등

- 2영역: 일반 언어학 및 응용 언어학

    - 일반 언어의 보편적인 구조와 특징, 음운·문법·어휘·의미·화용·역사 등의 일반 언어학 하위 분야 내용 또는 일반 언어학의 연구 결과를 실용적인 문제에 적용하는 응용 언어학 하위 분야 내용을 다루는 영역
    - 2영역의 경우 과목명에 '한국어' 또는 '국어'를 명기하는 경우 1영역으로 오해할 소지가 있으므로 '한국어'가 표기되지 않은 일반 언어학 명칭을 사용하여야 함.
    - 일반 언어의 보편적인 특성을 강의 내용으로 구성하고, 다른 영역의 내용(한국어학 또는 교수법 등) 또는 과목명과 다른 내용이 혼재되지 않아야 함.

    > 【 예시 과목 】
    > 응용언어학, 언어학개론, 대조언어학, 사회언어학, 심리언어학, 외국어습득론 등

III. 대학 등의 교육과정 및 교과목 확인

- 3영역: 외국어로서의 한국어 교육론
  - 외국어로서의 한국어교육에 활용할 수 있는 외국어로서의 한국어 교수법 전반에 해당되는 내용, 한국어의 음운·문법·어휘·의미·화용·역사·어문규범 등의 교육 방법에 대한 내용을 다루는 영역
  - 일반 교수법과 구별하기 위하여 3영역 과목명에는 반드시 '한국어'가 명기되어야 함.
    ※ 단, 시행령 [별표 1]의 예시 과목은 예외로 함.
  - 한국어 교수법에 관한 내용으로 구성하고, 다른 영역의 내용(한국어학 또는 일반 교수법 등) 또는 과목명과 다른 내용이 혼재되지 않아야 함.
  - 연구방법론, 논문지도는 인정하지 않음.

【 예시 과목 】

한국어교육개론, 한국어교육과정론, 한국어평가론, 언어교수이론, 한국어표현교육법(말하기, 쓰기), 한국어이해교육법(듣기, 읽기), 한국어발음교육론, 한국어문법교육론, 한국어어휘교육론, 한국어교재론, 한국문화교육론, 한국어한자교육론, 한국어교육정책론, 한국어번역론 등

- 4영역: 한국 문화
  - 한국어교육에 필요한 한국의 역사·민속·철학·정치·경제·사회·지리·예술 등의 내용을 다루는 영역
  - 일반 문화와 구별하기 위하여 4영역 과목명에는 반드시 '한국'이 명기되어야 함.
    ※ 단, 시행령 [별표 1]의 예시 과목은 예외로 함.
  - 한국 문화에 대한 전반적인 강의 내용으로 구성하고, 다른 영역의 내용 또는 과목명과 다른 내용(일반 문화론 등)이 혼재되지 않아야 함.
  - 4영역 과목의 경우 한국 문화의 전반적인 이해를 돕는 내용으로 구성되어야 하며 특정분야의 심화된 내용에 치우친 내용은 지양함.

【 예시 과목 】

한국민속학, 한국의 현대문화, 한국의 전통문화, 한국문학개론, 전통문화현장실습, 한국현대문화비평, 현대한국사회, 한국문학의 이해 등

- 5영역: 한국어 교육 실습(자세한 내용은 63쪽 '실습 교과목 운영지침' 참조)
  - 한국어교육을 실제로 하거나 실제 한국어교육 현장을 참관하는 등 한국어 교육 실습에 대한 내용을 다루는 영역
  - 일반 실습과 구별하기 위하여 5영역 과목명에는 반드시 '한국어'가 명기되어야 함.
    ※ 단, 시행령 [별표 1]의 예시 과목은 예외로 함
  - 3영역(한국어교육론 등 이론 수업) 내용이 혼재되지 않아야 함.

> 【예시 과목】
> 강의 참관, 모의 수업, 강의 실습 등

▌부적합 판정 사유 및 예시

구분	부적합 판정 사유	예시
영역 판정	• 영역 불일치 - 신청한 영역과 결과 판정 영역이 다른 경우	'한국어문법교육론'(1영역 신청) → 3영역 과목이므로 영역 불일치로 부적합 판정
영역 판정	• 영역 혼재 - 신청한 영역과 다른 영역의 내용이 혼재되어 있는 경우	과목명은 '한국어발음교육론'(3영역)이지만 '한국어음운론'(1영역) 내용을 주로 다루는 경우 → 1영역, 3영역의 혼재로 부적합 판정
과목명 및 강의 내용	• 교육과정(양성과정) 확인신청서와 강의계획서상 과목명이 다를 경우	확인신청서에는 '한국어교육실습'으로 과목명이 기재되어 있으나 강의계획서상 과목명은 '한국어교육현장실습'인 경우 → 교육과정 확인신청서와 강의계획서상 과목명이 다르면 부적합 판정
과목명 및 강의 내용	• 강의계획서 내용의 상세 기술 부족	강의계획서상 주 차별(회 차별) 강의 내용이 기재되어 있지 않거나, 기재된 내용만으로는 강의 내용의 적합성을 확인하기 어려운 경우 → 상세 기술 부족으로 부적합 판정
과목명 및 강의 내용	• 과목명과 강의 내용 불일치 - 과목명과 강의 내용이 일치해야 하며, 한국어학, 한국어교육학, 한국문화 등 '한국'에 관한 내용임이 명시적으로 드러나야 함. - 과목명이 강의 전체 내용을 포함하지 못할 경우	과목명은 '한국어문법론'(1영역)이지만 교육론 내용(3영역)으로 구성하는 경우 → 과목명과 강의 내용 불일치로 부적합 판정 과목명은 '한국어화용론'(1영역)이지만 일반 화용론(2영역)에 관한 내용으로 구성하는 경우 → 한국어학이 명시적으로 드러나지 않으므로 부적합 판정 과목명은 '한국문화'이지만 전통만 다루는 경우 → 과목명이 강의 전체 내용을 포함하지 못하므로 부적합 판정

III. 대학 등의 교육과정 및 교과목 확인

구분	부적합 판정 사유	예시
	• 인정되지 않는 과목(명) - 1영역, 3영역, 5영역 과목명에는 '한국어'가 명기되어야 함. - 2영역의 경우 '한국어'가 명기되지 않은 일반 언어학 명칭을 사용하여야 함. - 4영역 과목명에는 '한국'이 명기되어야 함.(과목명과 강의 내용에서 '한국' 문화의 내용이 명확하게 드러날 경우 과목명에 '한국'이 없어도 인정.) * 단, 시행령 [별표 1]의 예시과목은 예외	'문법론', '국어음운론연구'(1영역 신청), '표현교육론', '발음교육론'(3영역 신청), '수업참관', '현장강의참관', '모의실습' (5영역 신청) → 1영역, 3영역, 5영역 과목의 경우 과목명에 '한국어'가 포함되어야 하므로 부적합 판정 '한국어습득론'(2영역 신청) → 2영역 과목의 경우 과목명에 '한국어'가 포함되면 부적합 판정 '국문학개론', '국문학사'(4영역 신청) → 4영역 과목의 경우 과목명에 '한국'이 포함되어야 하므로 부적합 판정
강의 시수	• 양성과정 확인신청서와 강의계획서상 강의 시수 상이	양성과정 확인신청서에는 '한국어교재론'이 3시간으로 기재되어 있으나 강의계획서에는 4시간으로 기재되어 있는 경우 → 확인신청서와 강의계획서상 강의 시수 불일치로 부적합 판정
기타	• 한국어교원 자격 취득과 무관한 과목(명) - 국어기본법 시행령 [별표 1]에 제시된 기준에 포함되지 않는 과목(명)의 경우	오리엔테이션, 종합시험, 교육학개론, 교육심리학, 연구방법론, 논문지도 등
	• 제출 서류 첨부 오류	'대조언어학' 교과목 심사 신청 시, '언어학개론' 강의계획서를 첨부한 경우 → 제출 서류 첨부 오류로 부적합 판정
	• 제출 서류 미첨부	제출 서류를 첨부하지 않은 경우 → 제출 서류 미첨부로 부적합 판정

4. 유의 사항

(1) 공통 사항

기본 심사 지침

- 교육과정(양성과정) 확인신청서와 강의계획서상 '과목명', '강의 시수'가 동일해야 함.
- 강의 목적(수업 목표), 강의 주요 내용(개요), 주 차별 강의 내용은 과목명에 일치하는 내용으로 구성되어야 함.
- 차시별 강의 내용(상세 강의 내용)은 충실히 작성하여야 하며, 세부 강의 내용을 판단할 수 없을 만큼 부실한 경우 또는 내용 기술 시 문장이 제대로 끝마쳐지지 않거나 내용 확인이 어려운 오류, 오타가 있는 경우 부적합 사유가 될 수 있음.
- 강의계획서의 내용을 추측하게 하는 것은 인정하지 않으며, 강의 내용을 명확하게 파악할 수 있도록 작성하여야 함.(주 차별로 작성된 참고 문헌은 주 차별 상세 내용 파악의 보조로만 인정됨.)
- 과목명이 해당 강의 전체 내용을 포함해야 함.
  예) 한국어사: 고대부터 근대 한국어까지 두루 다루어야 함.
  　　한국문화: 특정시대에 국한되지 않게 내용이 구성되어야 함.
  　　한국역사: 고대부터 근대역사까지 두루 다루어야 함
  　　한국문학: 고전부터 현대문학까지 두루 다루어야 함.
- 제출 서류의 첨부 오류 및 미첨부는 부적합 사유가 될 수 있음.

조건부 적합

- 2013년 제1차 '교육과정 및 교과목 확인'(2013년 2월)시까지 과거 '조건부 적합'으로 판정된 교육과정 및 교과목을 적시한 조건에 부합하도록 관련 내용을 수정하여 재심사 받도록 하였음.
- 재심사를 받지 않은 기관의 교육과정과 교과목은 해당 시점(2013년 2월)에 일괄적으로 부적합 판정을 했으며, 각 교육기관에서 이에 대한 결과를 확인해야 함.
  【주의】'부적합' 판정 후 수강한 학생들은 필수이수학점으로 인정받지 못함.

(2) 교육과정 관련 사항

▋ 미심사 교육과정

- 확인받지 않은 교육과정을 졸업(이수)한 사람은 한국어교원 자격증을 취득할 수 없음.

▋ 부적합 판정 교육과정

- 부적합 판정된 교육과정을 졸업(이수)한 사람은 한국어교원 자격증을 취득할 수 없음.

(3) 교과목 관련 사항

▋ 미심사 교과목

- 확인받지 않은 교과목은 개인 자격 부여 시, 필수이수학점(필수이수시간)으로 인정되지 않으므로, 각 기관에서는 개인 자격 부여 신청자가 이로 인해 불이익을 받지 않도록 <u>미심사 과목에 대해 반드시 교과목 확인을 신청하기 바람.</u>
(명료한 기준 적용을 위해 가급적 강의를 개설하기 전에 확인을 받도록 함).

【 미심사 과목으로 분류되는 경우 】

1. 확인을 받지 않은 경우
2. 확인받은 과목명과 불일치하는 경우
   - 과목명 변경, 단순 오기 등

   예)

심사받은 과목명	성적증명서상 과목명
한국현대문화	한국의 현대문화
한국어문법교육론	한국어문법교육법

과목명이 상이한 동일 교과목

- 동일한 교육 내용이라도 확인받은 과목명과 수강한 과목명이 다를 경우, 이 두 과목을 별개의 교과목으로 간주함. 해당 기관에서 동일 교과목 인정 요청 공문을 발송하더라도 이를 인정하지 않으므로 과목명이 변경된 경우, 반드시 교과목 확인을 다시 받아야 함.

부적합 판정 교과목

- '부적합' 판정된 교과목을 소속 학생이 수강한 경우, 영역별 필수이수학점이 부족하여 한국어교원 자격증을 취득하지 못하는 경우가 발생할 수 있으니, 해당 기관은 반드시 교과목과 관련한 자료를 보완하여 다시 신청하기 바람.
  【주의】해당 기관은 '보류' 혹은 '부적합' 판정 교과목에 대해 학생들에게 공지하여 수강생이 피해를 입지 않도록 주의해야 함.

- '부적합' 시기('적합' 판정 전)에 수강한 자가 개인 자격 부여 시, 심사 서류와 함께 소명자료*를 제출할 경우, 심사위원회에서 검토하여 인정 여부를 결정함.

  > *소명자료
  > : 교재, 강의 자료, 과제, 발표 자료, 시험 문제, 답안지 등 수업 전반에 걸친 자료들을 통해 적합한 강의계획서의 내용을 2/3 이상 증빙할 수 있어야 하며, 제출한 소명자료대로 실제 운영되었음을 확인하는 총장 명의의 공문(필수), 학과장의 서명이 담긴 소명서(필수)가 첨부되어야 함.

- 과목명 및 영역 오기 등의 사유는 추후 적합 판정을 받을 경우 소급 적용 가능함.

III. 대학 등의 교육과정 및 교과목 확인

 기관 회원 가입 및 담당자 변경 방법

기관 회원 가입 방법

▸ 국립국어원 한국어교원 누리집(https://kteacher.korean.go.kr)에 접속 후 [교육기관 회원 가입]에서 기관 정보 입력 후 기관 담당자의 휴대폰 본인 인증을 통해 기관 회원으로 가입
  ※ 담당자: 대학 및 대학원은 각 전공 과정의 학과장(또는 주임교수)이 지정한 사람,
      단기 양성기관은 운영 책임자가 지정한 사람

담당자 변경 방법

▸ ID/PASSWORD로 로그인 한 후, [내 정보 관리] - [담당자 변경]에서 변경할 담당자 정보 및 비밀번호 입력 후 '담당자 변경 신청' 클릭
▸ 전자우편 및 전화로 승인 요청 ⇨ 담당자 변경 승인
  ※ 전자우편: kteacher@korea.kr / 전화번호: 02-2669-9671~6

참고 7 교육과정 및 교과목 확인 관련 서식

[시행규칙 별지 제5호 서식]

한국어교육 과목 확인 신청서

※ [ ]에는 해당되는 곳에 √표를 해 주십시오.

신청 기관				
주소				
담당자	성명		전화번호	
	전자 우편		팩스번호	
신청 과목명			과목의 해당 영역	( ) 영역
			과목 개설 시기	년 월
과목 구분	[ ] 학부 전공과목 [ ] 석사 전공과목 [ ] 박사 전공과목 [ ] 석사·박사 통합과정 전공과목 　　학부 연계 전공과목		[ ] 다른 전공과목 [ ] 교양과목 [ ] 전공 교직과목 [ ] 기타 (직접 기재:　　　　)	
과목 개요	강의 목적			
	강의 방식	[ ] 강의식 [ ] 토론식 [ ]실습 [ ] 기타 (직접 기재:　　　　　　　)		
	강의 주요 내용			
	학점	(　　　　) 학점		
	기타			
주교재	도서명:	저자:	출판사:	출판 연도:
부교재	도서명:	저자:	출판사:	출판 연도:
담당 교수 (최근 3년 이내)	직위	성명	학력 및 주요 경력	

첨부 서류: 과목별 강의계획서 1부

년   월   일

신청 기관의 장   　직인　

문화체육관광부장관 귀하

210mm×297mm[백상지(80g/㎡) 또는 중질지(80g/㎡)]

III. 대학 등의 교육과정 및 교과목 확인

[시행규칙 별지 제6호 서식]

한국어 교육과정 확인신청서

※ [ ]에는 해당되는 곳에 √표를 해 주십시오.

신청과정	[ ] 대학(학부 과정)　[ ] 학점은행제　[ ] 대학원(석사·박사 과정)		
신청기관		과정(전공) 개설 시기	년　월　일
주소			
담당자	성명	전화번호	
	전자 우편	팩스번호	

영역	과목명	학점	비고	영역	과목명	학점	비고
1. 한국어학				3. 외국어로서의 한국어 교육론			
2. 일반언어학 및 응용언어학				4. 한국문화			
3. 외국어로서의 한국어 교육론				5. 한국어교육 실습			
총 과목 수	( )개			총학점	( )학점		

년　월　일

신청 기관의 장　[직인]

문화체육관광부장관 귀하

210mm×297mm[백상지(80g/㎡) 또는 중질지(80g/㎡)]

[시행규칙 별지 제7호 서식]

한국어교원 양성과정 확인신청서

※ [ ]에는 해당되는 곳에 √표를 해 주십시오.

신청 기관명				과정명			
과정 유형	[ ] 주간 과정 [ ] 야간 과정 [ ] 단기 집중 과정 [ ] 방학 과정 [ ] 기타			과정 개설 시기	년 월		
모집 정원				교육 기간			
수업 일수/주				수업 시간대			
주 소				인터넷 누리집 (홈페이지)			
담당자	성명			전화번호			
	전자 우편			팩스번호			
영역	과목명	시간	비고	영역	과목명	시간	비고
1. 한국어학				3. 외국어로서의 한국어 교육론			
2. 일반언어학 및 응용언어학				4. 한국문화			
3. 외국어로서의 한국어 교육론				5. 한국어교육 실습			
총 과목 수	( )개			총 이수 시간	( )시간		

첨부 서류: 과목별 강의계획서, 한국어교원 양성과정의 운영 개요

년   월   일

신청 기관의 장   [직인]

문화체육관광부장관 귀하

210mm×297mm[백상지(80g/㎡) 또는 중질지(80g/㎡)]

대학 및 양성기관 운영 지침 Ⅳ

1. 대학(원)의 한국어교육 전공 운영 지침
2. 양성기관 운영 지침
3. 실습 교과목 운영 지침

1. 대학(원)의 한국어교육 전공 운영 지침

(1) 교육과정

▌교육과정의 구성 및 운영

- 해당 대학(원)의 한국어교육 학과(전공)는 완전히 분리된 하나의 학과 혹은 전공으로 개설되어야 하며, 학위(졸업)증명서에 한국어교육 주전공/복수전공 또는 부전공 등이 명기되어야 함.
    - 한국어교육 학과(전공)가 개설되지 않은 대학(학부)에서 부전공 또는 복수전공, 연계전공으로 학위를 취득한 경우에는 국어기본법 시행령 [별표 1]의 필수이수학점으로 인정하지 않음.
- 한국어교육 학과(전공) 운영 시, [별표 1]에서 정하고 있는 영역별 필수이수학점을 교육과정에 반영하도록 함.
    - 교육과정의 전 교과목에는 [별표 1]의 해당 영역을 표시함.

> 【주의 사항】
> 각 기관에서는 수강생이 한국어교원 자격 취득을 위해 적절한 교과목을 수강할 수 있도록 <u>영역별 필수이수학점 및 교과목 확인 결과</u>를 안내하기 바람.

▌영역별 필수이수학점

- 학점 인정 여부는 '학점인정 등에 관한 법률 시행령' 제11조 및 별표를 준용함. (76~77쪽 [참고 8] 참조)
- 개인 자격 부여 시, 기관의 교육과정 및 교과목 확인 결과를 적용하여 영역별 필수이수학점 충족 여부를 심사함.

(2) 교과목

▌교과목 개설

- 한국어교육 전공 교과목은 국어기본법 시행령 [별표 1]에서 정한 바대로 한국어교원 자격 취득에 필요한 영역별 필수이수학점을 충족할 수 있도록 개설되어야 함.

> 【 영역별 필수이수학점 불인정 교과목의 예 】
>
> - 논문작성 및 연구방법지도(논문지도, 연구방법론)
> - 한국어교원 자격과 무관한 과목(문예창작 등)
>
> 【참고】 교육기관은 교육과정상 위 교과목이 필요할 경우, 전공과목으로 개설할 수 있으나, 이를 [별표 1]의 영역별 필수이수학점으로 인정하지 않음. 그러므로 이에 관해 사전에 수강생들에게 안내하고, 교원 자격 취득에 문제없도록 [별표 1]에 해당하는 교과목을 충분히 개설하기 바람.

▌교과목 내용

- 특정 영역 내의 교과목의 교육 내용은 타 영역과 명확히 구분되어야 함.

   【부적합 사례】
   - 교과목은 한국어학(1영역)이지만 교육론(3영역) 내용으로 구성하는 경우
   - 과목명은 '한국어문법교육론'(3영역)이지만 '한국어문법론'(1영역) 내용으로 구성하여 국어학 이론이 주를 이루는 경우
   - 과목명은 '한국문화교육론'(3영역)이지만 한국의 문화적 특징에 관한 내용(4영역)이 주를 이루는 경우

※ 각 영역별 주 교육 내용 및 유의 사항

영 역	주 교육 내용	유의 사항
1영역 한국어학	한국어학에 대한 내용 (한국어의 음운, 문법, 어휘, 의미, 화용, 역사, 어문규범 등)	• '한국어학'의 지식 습득을 위한 영역임. • '한국어학'에 대해 다루지 않는 일반적인 내용(음운론, 문법론, 어휘론, 의미론, 화용론 등)과 구별하기 위하여 한국어학임이 분명하게 드러나야 함.(한국어음운론, 한국어문법론 등)
2영역 일반 언어학 및 응용 언어학	언어학 일반에 관한 내용이나 언어학 연구 결과를 실제 적용하는 응용 언어학	• 한국어학의 세부(하위) 내용은 2영역에 해당되지 않음. • '외국어습득론'은 2영역에 해당되나, 교수법은 3영역이므로 유의해야 함.
3영역 외국어로서의 한국어 교육론	외국어로서의 한국어 교수법 전반에 해당되는 내용	• 일반 교육론이 아닌 한국어 교육론임이 분명하게 드러나야 함. • 과목명은 3영역이나 실제 수업 내용이 1영역 등으로 운영되지 않도록 함.
4영역 한국 문화	한국어교육에 도움이 되는 한국 문화를 학습	• 문화의 특성 때문에 교과목이 다양해질 수 있으나, 기본적으로 한국어 교사로서 '한국의 문화'를 이해하고 소양을 기르는 것을 목적으로 함. • '한국 문화'에 대해 다루지 않는 일반적인 내용(문학개론, 시론, 문화비평, 세계문화론 등)은 4영역에 해당되지 않음. • 타전공 과목의 심화내용(국문학 전공의 현대문학의 심화, 민속학이나 종교학의 심화 등)은 4영역에 해당되지 않음.
5영역 한국어 교육 실습	수강생이 실제 한국어교육을 실시	• 한국어교육실습 교과목 운영 지침 참조(63~75쪽 참조)

IV. 대학 및 양성기관 운영 지침

【 세부 교과목 지침 】

오류분석론: 2영역
- 주요 과목 개요: 언어 학습 과정에서 발생하는 오류의 양상과 유형, 오류 분석 방법, 오류 발생 원인을 탐구함.

한국어교수법, 언어교수이론: 3영역
- 주요 과목 개요: 외국어 교수학습 이론에 따른 한국어 교수 이론을 비판적으로 검토하고 교육 현장에서 효과적으로 쓰일 수 있는 한국어 교수법과 언어 기능별로 효율적인 교수법의 활용 방안을 모색함.

한국문화교육론: 3영역
- 주요 과목 개요: 한국어 학습자를 대상으로 한국의 문화를 교육하기 위한 내용을 선정하고 효율적인 문화 교육 방법을 모색함.
- 【주의】'한국어문화교육론', '한국어문학교육론'은 3영역으로 인정되지 않는 과목명임.

한국어번역론: 3영역
- 주요 과목 개요: 외국어를 한국어로 번역하는 과정에서 드러나는 한국어의 특성을 이해하여 이를 한국어 교수법에 적용하는 방안을 모색함.

한국어한자(어)교육론: 3영역

- 주요 과목 개요: 한국어 어휘 교육의 일환으로 한자어 어휘 교수법의 필요성을 살피고, 한자어 교육의 내용과 효과적인 교육 방법을 모색함.

  【주의】 한국어 학습자를 대상으로 한자어 어휘를 교육하기 위한 교육론 과목임. 내국인을 대상으로 하는 한자 교육(부수, 획수, 육서, 한자 형성 원리, 한문 강독 등)과는 그 내용이 다름.

한국어교육특강, 한국어교육세미나: 3영역

- 주요 과목 개요: 한국어 교육론으로 개설된 교과목 이외에 교육론 분야에서 다루어야 할 필요가 있는 주제에 대하여 탐구함.

영역 설정이 모호한 교과목

- 1, 2영역 과목: 한국어정보학, 한국어정보처리론, 한국어말뭉치
- 1, 2, 3영역 과목: 한국어학습사전론

  【주의】 위와 같이 교과목 내용상 영역 구분이 모호한 경우, 교육 내용의 비중을 기준으로 기관에서 자체적으로 영역을 지정하여 운영할 수 있으나, 한 번 지정한 영역은 변경하지 않도록 함. 또한, 해당 교과목의 설정 영역을 사전에 수강생에게 안내하기 바람.

IV. 대학 및 양성기관 운영 지침

2. 양성기관 운영 지침

(1) 양성기관의 인정 범위

▮ 인정 범위

- 국내 양성과정
  - '고등교육법', '평생교육법' 또는 이와 유사한 법령에 따라 설립된 대학 및 기관이 운영하는 양성과정(원격 교육과정 포함)
  - '학원의 설립·운영 및 과외교습에 관한 법률'에 따라 설립된 기관이 운영하는 양성과정
  - 국립국어원, '공공기관의 운영에 관한 법률'에 따른 공공기관, 그 밖의 법률(이하 "국립국어원 등"이라 함.)에 따라 설립된 특수법인이 운영하는 양성과정

- 국외 양성과정
  - 중앙 부처, 국립국어원 등이 주최하거나 후원하는 국내 초청 또는 해외 현지 한국어교원 연수 과정
  - 재외 한국 대사관이나 한국 문화원이 운영하는 양성과정
  - 해당 국가의 법령에 의해 설립되거나 인가된 외국의 대학이 국내 대학 등과 협력을 통하여 운영하는 양성과정
  - 해외 사설 기관이 국내 대학 등과 협력을 통하여 운영하는 양성과정
  ※ 국외 양성과정의 경우, 관계 법률의 효력 범위(속지주의) 등을 고려하여 우리나라의 행정 권한이 미치는지 여부를 판단하여 제한적으로만 인정됨.

(2) 교육과정

▌ 한국어교원 양성과정 수강생 자격

- 국어기본법 시행령과 관련 법규에서는 한국어교원 양성과정 수강생 자격 및 학력 제한 등을 별도로 정하고 있지 않음. 따라서 양성과정의 개설 목적과 성격에 맞춰 자율적으로 정하여 운영함.

▌ 수업 시간 인정

- 대면 강의: 강의 시간 50분 이상을 1시간으로 인정

- 동영상 등 콘텐츠 활용 중심 원격 수업: 강의 시간 25분 이상을 1시간으로 인정. 단, 내용에 대한 강의로 구성된 콘텐츠 재생 시간이 최소 25분 이상이어야 하며 학습 활동*을 포함하여 총 학습 시간은 50분 이상 되도록 구성해야 함.
    * 학습 활동: 질의·응답 및 온라인 토론 시간, 교사의 피드백 시간, 보고서 작성 등 학생의 활동 시간 등을 종합한 개념임

▌ 과정 수료 기간

- 최초 수업일로부터 만 2년 이내에 전 과정 수료
  【주의】2년 이내에 전 과정을 수료하지 못할 경우, 3급 자격 취득 불가

▌ 교육 기간 및 교육 시간

- 한국어교원 양성과정의 총 교육 기간은 15주 이상이 바람직하며, 최소한 4주 이상의 과정으로 운영하도록 함.

- 한국어교원 양성과정의 1일 총 교육 시간은 4시간 이하가 적합하며 최대 6시간을 넘지 않도록 함.

- 실제로 교육한 시간만 필수이수시간에 포함됨.
    ※ 기관에서 자체적으로 실시하는 오리엔테이션이나 종합시험, 수료식 등은 필수이수시간에 포함되지 않음.

IV. 대학 및 양성기관 운영 지침

▌교재

- 한국어교원 양성과정의 교재는 해당 분야의 전문가가 저술한 출판 교재를 사용하도록 함. 기관 자체 제작 교재인 경우 해당 분야 전문가가 교재 제작에 참여했거나 감수한 것을 사용하도록 함.

▌교과목 편성

- 한국어교원 양성과정의 교과목은 국어기본법 시행령 [별표 1]에서 정한 바대로 한국어교원 자격 취득에 필요한 영역별 필수이수시간을 준수하도록 함.

  【주의】각 영역 교과목의 총 합산 시간이 영역별 필수이수시간을 충족하는지 반드시 확인하도록 함.

> 【영역별 필수이수시간 불인정 교과목의 예】
> - 주제 발표와 관련된 과목(연구발표회, 연구수업, 세미나, 워크숍 등)
> - 한국어교육능력검정시험을 준비하는 과목(한국어교육 자격 대비 등)
> - 한국어교원 자격 취득과 무관한 과목(레크리에이션 등)
> - 오리엔테이션, 종합시험, 수료식 등

- 각 영역의 교과목의 내용은 타 영역과 명확히 구분되어야 함.

  【부적합 사례】
  - 언어학개론(2영역)에서 한국어학 내용(1영역)이 주를 이루거나, 1, 2영역 내용이 혼재되어 있는 경우
  - 한국문화론(4영역)에서 한국어교육론 내용(3영역)이 주를 이루거나, 3, 4영역 내용이 혼재되어 있는 경우

- 한국어교원 양성과정의 교과목은 학위과정과 동일하게 과목명에서 교육 내용이 명확히 드러나야 함.(자세한 내용은 38~43쪽 참조)

▌교과목의 내용

- 각 영역별 교과목명과 실제 수업 내용이 일치해야 하며, 모든 강사에게 이를 분명하게 고지하고 강의안을 제출하도록 하게 함.

(3) 평가 및 학사 관리

▍평가

- 한국어학, 일반 언어학 및 응용 언어학, 외국어로서의 한국어 교육론, 한국 문화 영역은 필기시험으로 평가하도록 함.
- 한국어 교육 실습 영역은 수강생이 실습한 내용에 대해 평가하도록 함.

▍수료 기준

- 출석 기준에 부합해야 하며 필기시험 및 실습 영역 평가에서 각각 60% 이상을 획득해야 함.

> 【 온라인, 온·오프라인 양성과정 】
> - 온라인 또는 온오프라인으로 양성과정 개설 시, **온라인 학습 관리 시스템**(LMS: Learning Management System)으로 학사 및 출결이 관리되어야 함.
> - 대리출석을 차단하는 시스템* 장치를 마련하는 것을 권장함.
>   (예) SMS 인증, 공인인증, 핸드폰 본인 인증 등

▍강사진의 구성

- 강사진은 영역별로 최소 2인 이상(3영역은 3인 이상)으로 구성하고, 총 11명 이상의 강사가 담당하도록 함.

(4) 일반 사항

▌ 교육 기본 시설

- 한국어교원 양성과정 수업을 위한 전용 강의실을 하나 이상 갖추어야 하며, 수강 인원에 적정한 크기의 강의실이어야 함.
- 전용 강의실은 칠판, 마이크, 컴퓨터, 빔 프로젝터 등의 기자재를 갖추어야 함.

▌ 행정 직원

- 한국어교원 양성과정 운영 기간 동안 수강생들을 지원할 행정 직원 또는 교육 조교가 상주하거나 수강생 지원 창구를 마련하도록 함.

▌ 프로그램 평가

- 매 학기 수강생들을 대상으로 한국어교원 양성과정 프로그램에 대한 평가를 실시하여 이를 차후 프로그램 운영에 참고할 수 있는 기초 자료로 활용하도록 함.

▌ 한국어교원 양성과정의 지원 자격

- 국어기본법 시행령과 관련 법규에서는 한국어교원 양성과정의 지원 자격 및 학력 제한 등을 별도로 정하고 있지 않음. 따라서 양성과정의 개설 목적과 성격에 맞춰 자율적으로 정하여 운영함.

(5) 이수증명서 발급

발급 시 확인 사항	주의 사항
이수증명서는 반드시 시행규칙 별지 제2호 서식 (31쪽 참조)에 맞춰 발급해야 함.	규정 서식과 불일치할 경우 제출 서류로 인정하지 않음. (시행규칙 별지 제2호 서식은 '국립국어원 한국어교원 누리집'의 [도움방] – [자료실] – '개인 심사 관련 서식 파일'에서 내려받기 할 수 있음.)
이수증명서의 담당자란 (발급 기관명, 주소, 담당자 이름, 전화번호, 전자우편)에는 기관장이나 기관 대표가 아닌, 이수증명서를 실제 발급하는 사람의 정보를 기재해야 함.	담당자와 연락이 되지 않아 이수 내용이 확인되지 않을 경우, 개인 자격 부여 시 이수자들에게 불이익이 발생할 수 있음. (휴대전화 등 개인 연락처는 불가)
이수자의 교육 기간을 확인하여 정확히 기재하도록 함.	'최초 수업일로부터 만 2년 이내 전 과정 수료', '교육과정 이수 후 한국어교육능력검정시험 합격' 등의 규정이 있으므로, 이수증명서에 교육 기간이 잘못 기재된 경우, 이수자가 불합격될 수 있음에 유의해야 함.
이수증명서의 과목명은 교육과정 및 교과목 확인에서 적합 판정을 받은 과목명과 일치해야 함.	신규 교과목 개설, 과목명·강의 내용 변경 등으로 교육과정 변경 시에는 해당 내용에 대한 교육과정 및 교과목 확인을 받아 이수자에게 피해가 없도록 주의해야 함.
이수증명서를 발급할 때 과목명 및 이수 시간 단순 오기 등이 없도록 유의하여 발급해야 함.	과목명 오탈자 및 이수 시간 오기재 등으로 인하여 이수자들이 불합격하는 사례가 다수 발생하므로 과목명 및 이수 시간을 정확하게 기재해야 함.

【주의】 확인받지 않은 교과목이 이수증명서에 기재될 경우, 해당 과목은 필수이수 시간으로 인정받을 수 없으므로 개인 자격 부여 신청자가 이로 인해 불이익을 받지 않도록 **미심사 과목[*]에 대해 반드시 교과목 확인을 신청하기 바람**([*]자세한 내용은 45쪽 참조).

3. 실습 교과목 운영 지침

(1) 교과목 개설 기준

▌정규 교과목 운영

- 실습 교과목은 정규 교과목으로 운영하여야 함.

학부/대학원	3학점/2~3학점
학점은행제	3학점(75시간)
비학위과정	20시간

▌교과목 담당 교·강사 자격 요건

- 한국어교육 전공 석사학위 이상의 소지자로서 한국어교육경력 5년 이상이며, 강의 경력이 2,000시간 이상인 자

- 관련 분야(국어국문학과, 국어교육학, 언어학, 외국어교육 등) 박사학위 소지자로서 한국어교육경력 5년 이상이고, 강의 경력이 2,000시간 이상이며 한국어교원 자격증을 소지한 자(박사과정 수료자의 경우도 동일함)

  ※ 한국어교육경력은 한국어 교육기관에서 한국어 학습자를 대상으로 가르친 한국어 강의 경력과 학부/대학원에서 한국어 학습자를 대상으로 한국어 강의를 한 경력을 말함.

  ※ 한국어교육 전공 석사학위 취득 후 또는 관련 분야 박사과정 수료 후 강의한 한국어교육경력만 인정됨.

▌수업 과정 편성

- 실습 교과목의 교과과정은 각 기관의 운영 규정에 따라 운영할 수 있으나 실습 수업 시 강의실습 또는 현장 강의참관을 필수적으로 포함하여 운영해야 하며, 실습 세미나 및 실습 최종 평가회(실습 결과 보고 및 평가) 등도 실시할 수 있음.

(2) 실습 교과목 구성 및 운영 기준

가. 구성

- 실습 교과목을 구성하는 운영 방식은 이론 수업, 강의참관, 모의수업, 강의실습 으로 함.
- 실습 교과목의 구성 중 **실제 한국어교육 현장 경험(강의실습이나 현장 강의참관)은 필수로 운영**해야 함.
  ※ 교육적 효과를 높이기 위하여 현장 경험은 하루에 최대 4시간만 진행할 수 있음.
- 실제 한국어교육 현장 경험(강의실습 또는 현장 강의참관)은 전체 실습 교과목 운영 시간 중 대학, 대학원, 학점은행제는 **5분의 1 이상**, 비학위과정은 **4시간 이상**으로 실시하도록 함.
  ※ 장애 수강생이 있는 경우, 관련법에 따라 해당 수강생의 장애 유형과 특성을 고려하여 수업을 구성·운영할 수 있음.

나. 운영 기준

강의참관

- 강의참관은 실습 교과목 수강생이 한국어교육경력 인정 기관 등에서 운영하고 있는 한국어 학습자를 대상으로 하는 한국어 수업을 관찰·분석하는 교과 내용을 말함.
- 수강생은 실습 교과목 담당 교수에게 강의참관 일지 또는 참관 결과보고서 중 하나를 반드시 제출하여야 함.
  - 강의참관 일지에는 참관 장소, 참관 일자, 참관 내용, 참관을 지도하는 교수(교사)명 등이 반드시 기재되어야 함.
  - 참관 결과보고서에는 참관 장소, 참관 기간, 참관 횟수, 총 참관 시수, 참관 개요 등이 기재되어야 함.
- 강의참관 인원은 참관 대상 학습자들에게 피해가 되지 않도록 참관 교실 크기와 학습자 수를 고려하여 결정하되, 5명을 넘지 않도록 한다. 강의참관 시 한국어 학습자 수준은 초급, 중급, 고급을 골고루 참관할 수 있게 함.

모의수업

- 모의수업은 수강생 모두가 담당 교수의 참관 하에 한국어 학습자 또는 동료 수강생을 대상으로 직접 수업을 진행하는 것을 말함.
- 모의수업 시간은 30분 내외로 이루어지도록 하며 반드시 담당 교수의 지도와 평가가 있어야 함.
  - 전체 모의수업 시수의 3분의 1 이상은 반드시 모의수업에 대한 담당 교수의 피드백을 포함해야 함.
- 수강생 전원이 최소 1회 이상 직접 모의수업을 실시하도록 함.

강의실습

- 강의실습은 실습생 모두가 한국어교육경력 인정 기관 등에서 수강하고 있는 한국어 학습자를 대상으로 직접 강의를 시행하는 것을 말함.
- 강의실습에서 담당 교수 또는 현장 실습 지도자의 지도와 평가가 반드시 있어야 하고 수강생은 실습한 기관에서 실습 확인서를 발급받아 교과목 담당 교수에게 제출하도록 함.
- 실습생은 실습기관의 실습 지도 사항에 따라 성실하게 실습을 수행하고 실습 교과목 담당 교수에게 실습일지 또는 강의실습 보고서 중 하나를 반드시 제출해야 함.
  - 실습일지에는 실습 장소, 실습 횟수, 실습 내용 및 자기평가 등이 기재되어야 한다.
  - 강의실습 보고서에는 실습 장소, 실습 기간, 실습 횟수, 총 실습 시수, 실습 개요 등이 기재되어야 함.
- 실습일지 또는 강의실습 보고서를 작성한 후 현장 실습 지도자의 확인을 반드시 받아야 함.
- 강의실습 시간은 실습 기관에서 운영하는 한 차시 수업 시간 동안 이루어지도록 함.

다. 수강 자격

> 실습 교과목 운영기관은 교육 실습 취지를 고려하여 실습 교과목을 수강하려는 학생들이 필수이수영역의 일정 부분을 이수한 후에 수강하도록 지도하여야 함.

▌학부

- 한국어학 영역, 외국어로서의 한국어교육론 영역을 합하여 아래 제시된 학점 이상을 이수한 학생
    - 주전공자나 복수전공자: 24학점 이상 이수한 학생
    - 부전공 이수자: 12학점 이상 이수한 학생

▌대학원

- 한국어학 영역, 일반 언어학 및 응용 언어학 영역, 외국어로서의 한국어 교육론 영역 중 합하여 8학점 이상 이수한 학생

▌학점은행제

- 한국어학 영역, 외국어로서의 한국어 교육론 영역을 합하여 24학점 이상 이수한 학생

▌비학위과정

- 한국어학 영역, 외국어로서의 한국어 교육론 영역을 합하여 60시간 이상 이수한 학생

라. 구성원별 역할

▎한국어교원 양성 기관

- 국어기본법 제13조의 2에 따른 한국어교육 분야를 학위과정으로 운영하거나 운영하려는 기관(대학/대학원, 학점은행제) 또는 비학위과정으로 한국어교원 양성 과정을 운영하거나 운영하려는 기관은 아래에 제시된 역할을 수행해야 함. 주요 역할은 다음과 같음.
    - 실습 기관 및 학생의 참여 신청·접수 관리 및 선정
    - 실습 교과목 사전 교육(실습 오리엔테이션 등 실습의 목적, 실습 진행 절차, 실습 관련 보고서 작성법 등 실제 실습에 필요한 내용으로 구성)
    - 실습 기관과의 협약 체결
    - 학생 평가 및 학점 인정 처리
    - 실습 기관 및 학생에 대한 실습 운영 실태 점검 및 지도

내용	서식
협약	【양식 1】 현장 실습 협약서(기관용)
현장 실습 의뢰	【양식 2】 실습 의뢰서
실습 교과목 평가	【양식 3】 현장 실습 지도 관리부 【양식 8】 실습생 평가서

※ 현장 실습 협약서(기관용)는 대학 등과 실습 기관(한국어교육경력 인정 기관 등)이 현장 실습 운영에 관하여 기관 대 기관이 약정하는 문서를 말함.

※ 대학 부설 기관 등 외국인 대상 한국어 교육과정이 개설되어 있는 양성 기관에서 자체 기관에서 현장실습을 진행할 경우, 협약서 대신 기관장의 직인이 찍혀 있는 실습 운영 계획 문서로 대체 가능함.

※ 같은 대학의 부설기관(한국어학당, 국제어학원 등)이라도 학과와 대학 부설기관 간의 협약을 맺어 현장 실습을 진행하여야 함. 다만 부득이할 경우, 실습 의뢰 공문 및 실습 의뢰 결과 회보서 등으로 대체 가능함.

※ 실습 교과목 평가에 해당되는 실습생 평가서 또는 한국어교육 현장 실습 평가서를 참조하여 수강생의 한국어교육 실습 교과목 최종 평가에 반영함.

실습생

- 실습생의 주요 역할은 다음과 같음.
  - 현장 실습 절차에 따른 참여 신청 및 관련 서류 제출
  - 성실한 실습 수행과 관련된 수행 결과 제출
  - 강의참관 후 강의참관 일지 또는 강의참관 보고서 중 하나는 반드시 작성하여 제출하여야 함.
  - 강의실습 후 강의실습 일지 또는 강의실습 보고서 중 하나는 반드시 작성하여 제출하여야 함.

내 용	서 식
실습 수행	【양식 5】 강의참관 일지 또는 강의참관 보고서 【양식 6】 강의실습 일지 또는 강의실습 보고서

실습 기관

- 실습 기관의 주요 역할은 다음과 같음.
  - 한국어교육 현장 실무 능력 배양을 위한 실습 계획(실습생 지원 계획) 수립
  - 실습생의 지도, 출결 관리, 교육, 평가 실시
  - 실습생에 대한 【양식 4】 한국어교육 현장 경험(실습/참관) 확인서를 교육 기관에 제출하여야 함.
  - 실습 기관에서는 실습 교과목 평가 양식(【양식 8】)을 작성하여 교육 기관에 제출하여야 함.

내 용	서 식
협약	【양식 1】 현장 실습 협약서(기관용)
현장 실습 의뢰	【양식 7】 실습 의뢰 결과 회보서
실습 교과목 평가	【양식 8】 실습생 평가서
실습 결과 확인	【양식 4】 한국어교육 현장 경험(실습/참관) 확인서(기관용)

Ⅳ. 대학 및 양성기관 운영 지침

(3) 운영 절차

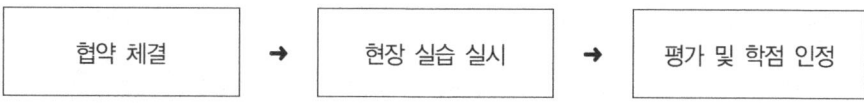

가. 협약 체결

▌협약 내용

- 현장 실습 협약은 다음의 내용을 포함한 협약으로 체결함.
    - 실습 실시 기간 및 장소
    - 수강생에 대한 평가 관련 사항
    - 실습 기간 중 학생의 보건·위생과 산업재해 예방 관련 사항
    - 기타 실습 교과목 교육에 필요한 사항

▌협약 체결 방법

- 실습 기관 섭외 후 실습 참여에 관한 업무 협의가 완료되면 협약 체결을 실시함.
    ※ 기관의 사정에 따라 여러 기관과 협약을 맺어 현장 실습을 진행하는 것이 가능함. 사이버대학 등 온라인 과정 운영 기관의 경우 거주 지역이 다양한 학습자 특성(지방 및 국외 거주 수강생)을 고려하여 여러 지역 및 국가의 한국어교육 기관과 협약을 맺는 것을 권장함.

- 협약 체결은 현장 실습 운영에 관한 사항이 포함된 협약서, 공문 등을 통하여 실시함.
    - 현장 실습 협약은 【양식 1】 현장 실습 협약서를 참고하여 체결할 수 있음.
    - 협약 체결이 용이하지 않을 경우 【양식 2】 실습 의뢰서, 【양식 4】 한국어교육 현장 경험(실습/참관) 확인서 및 【양식 7】 실습 의뢰 결과 회보서를 참고하여 공문 등을 통해 현장 실습을 운영할 수 있음.

- 현장 실습 협약은 협약서 외 업무 상황에 따라 현장 실습 협약 내용이 포함된 공문 등 공식적인 문서로 대체할 수 있음.
    - 협약 또는 문서는 현장 실습 이전에 체결 또는 시행하여야 함.
    - 문서를 근거로 할 경우 쌍방 간 의사 합의를 증빙할 수 있는 경우에 한함.

나. 현장 실습 실시

▌실습생

- 실습생은 실습 기관의 실습 지도 사항에 따라 성실하게 실습을 수행하고, 실습 내용 및 수행 과정을 강의참관 일지 또는 강의참관 보고서, 강의실습 일지 또는 강의실습 보고서에 작성해야 함.

▌실습 기관

- 실습 기관은 수강생을 대상으로 수립하였던 실습 계획에 따라 실습 운영

- 실습 기관은 실습생을 지도·관리하는 현장 실습 지도자를 다음 중 하나에 해당하는 자로 선정하여 실습생 관리 및 실습 지도* 등을 실시함.
  가. 한국어교원 1급 자격증 소지자
  나. 한국어교원 2급 자격증을 보유하고 한국어교육경력 3년 이상인 자
  다. 한국어교원 3급 자격증을 보유하고 한국어교육경력 5년 이상인 자

  ※ 한국어교원 자격증 취득 후 강의한 한국어교육경력만 인정됨.

  ※ 실습 기관에 현장 실습 지도자의 자격 요건을 충족하는 자가 없을 경우 실습 담당 교강사가 현장 실습 지도자의 역할을 대신할 수 있음.

  * 현장 실습 지도자는 실습생의 강의참관 전반에 관한 지도 및 강의실습의 분반 및 일정을 관리하며, 현장 경험 기간 동안의 실습생에 대한 평가를 담당함. 또한 강의참관 진행 시 수강생이 참관할 수업을 배정함.

- 동일 시간대를 기준으로 하여 현장 실습 지도자는 1인당 실습생을 5명 내에서 지도·관리함.

- 현장 실습 지도자는 실습생이 제출한 강의실습 일지 또는 강의실습 보고서를 검토하고 실습생의 실습 수행에 대해 의견과 평가를 【양식 8】실습생 평가서에 기록함.

- 실습 기관은 실습생의 요청이 있는 경우, 【양식 4】한국어교육 현장 경험(실습/참관) 확인서(실습 시수 등이 기재된 것)를 발급하여 교육기관에 제출함.

- 실습 기관은 다음과 같은 현장 실습의 목적과 목표에 기반을 두어 현장 실습 내용을 구성함.

  > [현장 실습의 목적]
  > - 실천적 경험을 통해 교과에서 습득한 한국어교육 지식, 기술, 태도를 통합적으로 체화함으로써 한국어교육 현장 전문성 향상
  >
  > [현장 실습의 목표]
  > - 양성기관에서 배운 한국어교육 관련 이론을 실습 현장에 적용 및 실천
  > - 한국어교원에게 요구되는 전문적인 지식, 기술 및 올바른 태도와 자질 함양
  > - 실습 현장의 조직 내 인간관계가 갖는 역동성 이해
  > - 다양한 이해관계자의 요구를 이해할 수 있는 능력 함양
  > - 한국어교육 현장에 따른 구체적인 직무를 이해하고, 수행 방법 습득
  > - 실습생 자신의 직업적 적성을 확인하고 구체적인 경력 개발 계획 수립의 기회 제공

다. 평가 및 학점 인정

▍실습 기관 평가

- 현장 실습 지도자는 실습생의 현장 실습이 종료되면 【양식 8】 실습생 평가서를 참조하여 항목에 맞게 평가를 실시함.
- 실습 기관은 실습생의 평가서와 【양식 4】 한국어교육 현장 경험(실습/참관) 확인서를 함께 교육기관으로 제출함.

▍교육기관 평가 및 학점 인정

- 성적은 다음의 사항을 고려하여 각 교육기관의 운영 규정에 따라 산출 및 부여함.
  - 실습 교과목 수업 참여도, 실습 교과목 실시 내용, 수강생이 제출한 현장 경험 일지 및 보고서 등
- 학점은 각 기관의 학점 인정 기준에 따라 부여함.

라. 자료 보관

▌ 양성기관은 다음의 자료를 실습생의 현장 실습이 종료된 날로부터 3년간 보관함. 단, 현장 실습 수행 증빙 자료는 5년간 보관함.

- 실습 과목 운영 관련 증빙 자료: 오리엔테이션·실습 세미나·실습 평가회 수업 운영 자료(운영 규정, 출석부 등), 현장 실습 지도 관리부
- 실습 의뢰 관련 증빙 자료: 협약서(또는 공문, 실습 의뢰서 등 협약 관련 서류)
- 현장 실습 수행 증빙 자료: 실습 관련 보고서, 실습 평가서

【 한국어교육 실습 교과목 운영에 필요한 각종 서식 안내 】

서식	작성자	활용 방안	보관 방법
[양식1] 현장 실습 협약서	양성기관, 실습 기관의 장	현장 실습 진행 전, 양성기관과 실습 기관이 [양식1] 현장 실습 협약서를 작성하거나, [양식2] 실습 의뢰서와 [양식7] 실습 의뢰 결과 회보서를 공문으로 남긴 후 현장 실습 진행	양성기관과 실습기관에 각 1부씩 보관
[양식2] 실습 의뢰서 [양식7] 실습 의뢰 결과 회보서			
[양식3] 현장 실습 지도 관리부	한국어교육 실습 교과목 담당 교수	실습 교과목 담당 교수가 실습 교과목 수강생들의 현장 실습 관리를 위해 작성	실습 교과목을 개설한 양성기관에서 보관
[양식4] 한국어교육 현장 경험 확인서	현장 실습 지도자	실습생들이 실습 확인을 위해 발급 요청을 할 경우 실습 기관에서 발급	
[양식5] 강의참관 일지 [양식6] 강의실습 일지	실습생	실습생들이 강의참관, 강의실습 진행 후 작성하여 현장실습 지도자의 확인을 받고 교육기관에 제출	
[양식8] 실습생 평가서	현장 실습 지도자	실습기관에서 실습생들의 실습 태도 및 전반적인 사항을 평가하여 작성 후 실습 교과목 담당 교수에게 제출	

(4) 기관별 주요 운영 기준

▎학위 과정

- 수강 정원은 30명 이하로 함. 30명을 초과하면 분반으로 운영함.
- 학점은행제의 경우, 교육 훈련 기관에서 평가 인정받고자 하는 학습 과정은 표준 교육과정에서 정한 학습 과정에 한하며 내용은 표준 교육과정에서 정하는 학습과정별 교수요목의 내용에 부합하여야 함. 또한 평가 인정 신청 학습과정 수업 시간은 학점은행제 표준 교육과정 수업 시간에 부합하여야 함.

이론 수업

- 이론 수업은 실습 교과목의 목적과 직접적으로 관련된 내용으로 한국어교육 현장에서 한국어 수업을 설계하고 교수하는 데 기본이 되는 교육 이론 및 원리를 말함.
- 이론 수업의 내용은 '한국어교육 실습의 의의 및 목표', '한국어교사로서의 자질과 역할', '교수 설계 및 한국어 수업 교실 운영', '강의참관 및 강의실습에 대한 사전 준비 안내 및 사후 평가 보고' 등을 주 내용으로 포함하도록 함.
- 이론 수업은 기관의 특성에 따라 대면과 비대면으로 병행으로 운영할 수 있음.
- 이론 수업은 전체 실습 교과목 강의 시간의 5분의 1 이하로 운영해야 함.

강의참관

- 강의참관은 현장 강의참관을 원칙으로 함.
- 현장 강의참관을 하지 않을 경우, 강의실습을 5분의 1 이상 구성하여 수강생이 실제 한국어교육 현장 경험을 할 수 있도록 해야 함.
- 본인이 근무하는 한국어교육 기관에서 강의참관을 할 경우에 본인 수업은 제외함.

모의수업

- 모의수업은 담당 교수의 지도하에 대면 수업 방식으로 실시함을 원칙으로 하며, 반드시 담당 교수의 지도와 평가가 있어야 함. 또한 동료 수강생의 모의수업도 볼 수 있는 기회를 제공해야 함.
  - 사이버 대학(원)에서는 각 지역별로 학생들을 모아 별도로 모의수업을 진행할 수 있음.
- 단, 학위과정(사이버 대학(원))에서는 국외 거주 온라인 수강생에 한해 담당 교수가 현장에 부재할 경우 (가), (나) 중에서 대체하여 운영할 수 있음.
  (가) 담당 교수와 실시간 비대면 화상강의 방식으로 모의수업을 진행한다.
  (나) 외국인 한국어 학습자를 대상으로 모의수업을 진행하고 모의수업 현장을 촬영하여 담당 교수에게 제출한다. 이때 영상 화면에는 교사의 교수 활동과 학습자의 학습 활동이 모두 포함되어 있어야 한다.

강의실습

- 강의실습은 담당 교수(실습 기관의 현장 실습 지도자 인정)의 지도하에 대면으로 실시해야 하며, 반드시 담당 교수의 지도와 평가가 있어야 함.
- 현장 교육기관의 강의실습을 하지 않을 경우, 현장 강의참관을 5분의 1 이상 구성하여 수강생이 실제 한국어교육 현장 경험을 할 수 있도록 해야 함.
- 본인이 근무하는 한국어교육 기관에서 강의실습을 할 경우에 본인 수업은 제외함.

▍ 비학위 과정

- 수강 정원은 30명 이하로 함. 30명을 초과하면 분반으로 운영함.

강의참관

- 강의참관은 현장 강의참관을 원칙으로 함.
- 현장 강의참관을 하지 않을 경우, 강의실습을 5분의 1 이상(최소 4시간 이상) 구성하여 수강생이 실제 한국어교육 현장 경험을 할 수 있도록 해야 함.
- 본인이 근무하는 한국어교육 기관에서 강의참관을 할 경우에 본인 수업은 제외함.

모의수업

- 모의수업은 담당 교수의 지도하에 대면 수업 방식으로 실시함을 원칙으로 하며, 반드시 담당 교수의 지도와 평가가 있어야 함. 또한 동료 수강생의 모의수업도 볼 수 있는 기회를 제공해야 함.
  - 학점은행제에서는 각 지역별로 학생들을 모아 별도로 모의수업을 진행할 수 있음.
- 단, 국외 거주 온라인 수강생에 한해 담당 교수가 현장에 부재할 경우 (가), (나) 중에서 대체하여 운영할 수 있음.
  (가) 담당 교수와 실시간 비대면 화상 강의 방식으로 모의수업을 진행한다.
  (나) 외국인 한국어 학습자를 대상으로 모의수업을 진행하고 모의수업 현장을 촬영하여 담당 교수에게 제출한다. 이때 영상 화면에는 교사의 교수 활동과 학습자의 학습 활동이 모두 포함되어 있어야 한다.

강의실습

- 강의실습은 담당 교수(실습 기관의 현장 실습 지도자 인정)의 지도하에 대면 수업 방식으로 실시해야 하며, 반드시 담당 교수의 지도와 평가가 있어야 함.
- 현장 교육기관의 강의실습을 하지 않을 경우, 현장 강의참관을 5분의 1이상(최소 4시간 이상) 구성하여 수강생이 실제 한국어교육 현장 경험을 할 수 있도록 해야 함.
- 본인이 근무하는 한국어교육 기관에서 강의실습을 할 경우에 본인 수업은 제외함.

참고 8　학점인정 등에 관한 법률 시행령 제11조

제11조(학점인정의 기준) 법 제7조제5항에 따른 학점인정의 기준은 **별표 3**과 같다.

[별표 3] 〈개정 2020. 11. 3.〉

<u>학력인정 등을 위한 학점인정의 기준(제11조 관련)</u>

구분	학점인정의 기준
1. 법 제7조제1항에 따른 학습과정을 마친 사람, 법 제7조제2항제3호에 따른 시간제로 등록하여 수업을 받은 사람 또는 이 영 제9조제1항제8호부터 제10호까지에 따른 학교 또는 평생교육시설에서 교육과정을 마친 사람	이수한 교육과정 또는 학습과정에서 정한 학점을 인정한다.
2. 법 제7조제2항제1호에 따른 교육과정을 마친 사람(이 영 제9조제1항제8호부터 제10호까지에 따른 학교 또는 평생교육시설에서 교육과정을 마친 사람은 제외한다)	강의시간 50분(실험·실습·실기의 경우에는 100분)을 1단위로 하여 15단위 이상을 이수한 경우를 1학점으로 하는 기준에 따라 환산하여 인정한다.
3. 법 제7조제2항제2호에 따른 교육과정을 마친 사람, 법 제7조제2항제4호에 따른 자격취득자 및 자격 취득에 필요한 교육과정 이수자	해당 교육과정 이수, 자격 취득 및 자격 취득에 필요한 교육과정 이수에 대하여 대학 및 전문대학에서 부여하는 학점에 상당하는 학점을 인정하되, 학점인정심의위원회의 심의를 거쳐 원장이 정하는 바에 따른다.
4. 법 제7조제2항제5호에 따른 시험합격자 및 시험면제 교육과정(「독학에 의한 학위취득에 관한 법률」 제5조에 따른 시험 및 같은 법 시행령 제9조제1항제4호에 따라 원장이 지정하는 강좌 또는 연수과정에 한정한다) 이수자	다음 각 목의 기준에 따른다. 가. 교양과정 인정시험 합격자 및 시험면제 교육과정 이수자: 과목당 4학점, 최대 20학점 나. 전공기초과정 인정시험 합격자 및 시험면제 교육과정 이수자: 과목당 5학점, 최대 30학점 다. 전공심화과정 인정시험 합격자 및 시험면제 교육과정 이수자: 과목당 5학점, 최대 30학점 라. 학위취득 종합시험 합격자: 과목당 5학점, 최대 30학점 마. 가목부터 라목까지의 과목별 학점인정은 1개의 학위과정 취득에만 적용한다. 바. 학위취득 종합시험 합격자의 단계별 시험합격 또는 면제 교육과정 이수결과는 학점으로 인정하지 않는다.
5. 법 제7조제2항제6호에 따른 국가무형문화재의 보유자로 인정된 사람과 그 전수교육을 받은 사람	다음 각 목의 기준에 따른다. 가. 「무형문화재 보전 및 진흥에 관한 법률」 제17조제1항에 따른 국가무형문화재 보유자: 140학점

Ⅳ. 대학 및 양성기관 운영 지침

	나. 「무형문화재 보전 및 진흥에 관한 법률」 제25조제2항 본문에 따른 전수교육을 받은 사람 　1) 전수교육을 3년 이상 받은 사람: 21학점 　2) 전수교육을 2년 이상 3년 미만 받은 사람: 14학점 　3) 전수교육을 1년 이상 2년 미만 받은 사람: 7학점 　4) 전수교육을 6개월 이상 1년 미만 받은 사람: 4학점 다. 「무형문화재 보전 및 진흥에 관한 법률」 제26조제1항에 따른 전수교육 이수증을 발급받은 사람: 30학점 라. 「무형문화재 보전 및 진흥에 관한 법률」 제19조제1항에 따른 전승교육사: 60학점 이내에서 교육부장관이 정한다.

비고
1. 위 표 제1호, 제2호 및 제4호의 학점인정은 다음 각 목의 기준에 따른 학점을 초과하여 인정할 수 없다.
   가. 학습과정별 종료일 기준으로 매년 3월 1일부터 다음 해 2월 말일까지의 학점: 42학점
   나. 학습과정별 종료일 기준으로 매년 3월 1일부터 8월 31일까지 또는 9월 1일부터 다음 해 2월 말일까지의 학점: 각각 24학점
2. 위 표에 따른 학점인정은 교육과정을 이수한 사람 등으로서 학점인정 신청 당시 고등학교를 졸업한 사람 또는 이와 같은 수준 이상의 학력이 있다고 인정되는 사람인 경우에 한정한다.
3. 법 제7조제2항제1호에 따른 교육과정을 마친 사람, 법 제8조제1항에 따라 학력인정을 받은 사람 또는 법 제9조제1항에 따른 학위를 받은 사람에 대해서는 전문대학의 경우 최대 80학점(수업연한이 3년인 경우 120학점)까지, 대학의 경우 최대 140학점까지 인정할 수 있으며, 그 세부 사항은 원장이 정한다.
4. 위 표 제1호부터 제4호까지에 해당하는 사람이 다음 각 목의 어느 하나에 해당하는 경우에는 원장이 정하는 바에 따라 중복되는 과목 또는 학습 내용의 학점을 인정하지 아니할 수 있다.
   가. 같은 과목을 중복하여 이수하거나 시험에 합격한 경우
   나. 학점을 활용하여 자격을 취득하거나 자격 취득에 필요한 시험을 학점인정을 통해 면제받은 경우
   다. 해당 자격 취득에 필요한 학습내용과 위 표 제1호, 제2호 및 제4호에 따른 학습 내용이 중복될 경우
5. 법 제9조 및 「고등교육법」에 따라 학위를 받은 자가 학위 수여 이전에 법 제7조제1항 또는 제2항에 따라 취득한 학점은 이 영 제16조제1항제2호에 따른 학위취득을 위한 학점으로 인정하지 않는다.
6. 위 표 제1호부터 제4호까지의 학점인정 기준에 따라 학점인정을 받으려는 사람 중 「고등교육법 시행령」 제28조제3항제2호에 따른 보건의료인력의 학습자는 보건복지부장관이 수여한 해당 면허를 소지하여야 한다.
7. 위 표 제1호의 학습과정 이수자 및 제4호의 시험면제 교육과정 이수자가 1개의 교육훈련기관에서 인정받을 수 있는 학점은 대학에 상응하는 과정은 105학점, 전문대학에 상응하는 과정은 60학점(「고등교육법 시행령」 제57조제1항에 따라 수업연한이 3년인 경우에는 90학점)을 초과할 수 없다. 다만, 전문대학에 상응하는 과정 중 「초·중등교육법」 제54조제4항에 따른 고등기술학교 전공과에 대해서는 60학점을 초과할 수 있다.

참고 9   운영 권고 사항

가. 전임교원

▌대학(원) 전임교원

- 한국어교육 전공(학과)에서는 '대학교원 자격기준 등에 관한 규정(대통령령 제29814호, 2019. 6. 11. 타법개정)'에 의거 '교육공무원법' 또는 '사립학교법'에 의하여 교수, 부교수, 조교수로 임용되어 당해 대학에서 전일제로 근무를 하는 자로서 다음 조건을 모두 충족하는 전임교원을 두는 것이 바람직함.
  ① 근무 기간을 1년 이상으로 정하여 임용되어 당해 대학에서 전일제로 근무하는 교원
  ② 각 학년도의 4월 1일을 기준으로 공무원연금법 제3조, 사립학교교직원연금법 제2조의 규정에 따라 연금에 가입되고 국민건강보험법 제6조에 의한 건강보험에 가입되어 있는 교원
  ③ 국공립대학 교원의 경우 '공무원보수규정' 및 '공무원수당 등에 관한 규정', 사립대학의 경우 학교법인 정관의 교원에 관한 보수규정에 의하여 전임교원 수준의 보수수당 등을 지급 받는 교원

▌양성과정 전임교원

- 한국어교원 양성과정에서는 박사학위 소지자로서 비학위 과정으로 한국어교원 양성과정을 운영하는 기관에 전임교원으로 임용되어 당해 기관에서 전일제로 근무하는 자로서 다음 조건을 모두 충족하는 전임교원을 두는 것이 바람직함.
  ① 근무 기간을 1년 이상으로 정하여 임용되어 당해 기관에서 전일제(full-time)로 근무하며 정년을 보장 받은 교원 또는 해당 대학 총장 발령의 전일제(full-time) 근무자
  ② 각 학년도의 4월 1일을 기준으로 4대 사회보험(국민연금, 건강보험, 고용보험, 산재보험)에 가입되어 있는 교원
  ③ 각종 수당 외에 매월 일정액의 기본급을 지급 받는 교원

Ⅳ. 대학 및 양성기관 운영 지침

▌학점은행제 전임교원

- 학점은행제에는 박사학위 소지자로서 학점은행제에 의해 한국어교원을 양성하는 학위과정 전체 또는 일부를 운영하는 기관에 전임교원으로 임용되어 당해 기관에서 전일제로 근무하는 자로서 다음 조건을 모두 충족하는 전임교원을 두는 것이 바람직함.
    ① 근무 기간을 1년 이상으로 정하여 임용되어 당해 기관에서 전일제로 근무하는 교원
    ② 각 학년도의 4월 1일을 기준으로 4대 사회보험(국민연금, 건강보험, 고용보험, 산재보험)에 가입되어 있는 교원
    ③ 당해 기관에서 한국어교원양성 관련 학과(전공)의 강의와 운영만을 담당하고 당해 기관 내 타 학과(전공) 또는 타 기관의 강의와 운영을 겸임(겸직)하지 않는 교원

나. 3영역 과목

▌3영역 담당 전임교원

- 한국어교원 양성을 위한 교육과정을 운영하는 대학(원), 양성과정, 학점은행제에서의 3영역 과목을 담당하는 전임교원은 다음 중 어느 하나의 기준을 충족하는 것이 바람직함.
    ① 한국어교육 전공 박사학위를 소지한 경우
      - 박사학위를 한국어교원 양성을 위한 교육과정을 운영하는 학과(전공)에서 취득한 경우
      - 박사학위 논문의 내용이 한국어교육론에 해당하는 경우
    ② 박사학위 소지자로서 최근 3년간 한국어교육과 관련된 논문(한국연구재단 등재후보지 이상) 및 저술 연구 실적이 200% 이상인 경우
    ③ 박사학위 소지자로서 한국어교육경력이 5년 이상, 2,000시간 이상인 경우

▌3영역 담당 강사

- 한국어교원 양성을 위한 교육과정을 운영하는 대학(원), 양성과정, 학점은행제에서 전임교원이 담당하지 않는 3영역 과목을 담당하는 강사는 다음 중 어느 하나의 기준을 충족하는 것이 바람직함.
    ① 한국어교육 전공 박사학위를 소지한 자
    ② 대학 부설 한국어 교육기관 소속의 강사로서의 한국어교육경력이 5년 이상, 2,000시간 이상인 자

부 록

1. 한국어교원 자격제도 관련 법규
2. 한국어교육 실습 교과목 관련 각종 서식(예시)
3. 자주 하는 질문
4. 한국어교원 관련 누리집

부록 1 한국어교원 자격제도 관련 법규

가. 국어기본법
 (법률 제7368호, 2005. 1. 27., 제정 / 법률 제18761호, 2022. 1. 18., 일부개정)

제19조(국어의 보급 등) ① 국가는 국어를 배우려는 외국인과 「재외동포의 출입국과 법적 지위에 관한 법률」에 따른 재외동포(이하 "재외동포"라 한다)를 위하여 교육과정과 교재를 개발하고 전문가를 양성하는 등 국어의 보급에 필요한 사업을 시행하여야 한다.
② 문화체육관광부장관은 재외동포나 외국인을 대상으로 국어를 가르치려는 사람에게 자격을 부여하고, 자격증을 발급할 수 있다. 〈개정 2019. 11. 26〉
③ 제2항에 따른 자격 요건 및 자격 부여의 방법 등에 관하여 필요한 사항은 대통령령으로 정한다.
[전문개정 2011. 4. 14.]

제19조의3(자격취소) 문화체육관광부장관은 제19조제2항에 따라 자격증을 발급받은 사람이 다음 각 호의 어느 하나에 해당하는 경우에는 그 자격을 취소하여야 한다.
1. 거짓이나 그 밖의 부정한 방법으로 자격을 취득한 경우
2. 제19조제2항에 따라 발급받은 자격증을 다른 사람에게 대여한 경우
[본조신설 2019. 11. 26.]

나. 국어기본법 시행령

(대통령령 제18973호, 2005. 7. 27., 제정 / 대통령령 제32207호, 2021. 12. 14., 일부개정)

제13조(한국어교원 자격 부여 등) ① 법 제19조제2항에 따라 재외동포나 외국인을 대상으로 국어를 가르치는 자(이하 "한국어교원"이라 한다)의 자격은 다음 각 호와 같다.

1. 한국어교원 1급

   제2호 각 목의 어느 하나에 해당하여 한국어교원 2급 자격을 취득한 후에 제2항에 따른 기관 또는 단체 등에서 5년 이상 근무하면서 총 2천 시간 이상 외국어로서의 한국어를 가르친 경력(이하 "한국어교육경력"이라 한다)이 있는 사람

2. 한국어교원 2급

   가. 외국어로서의 한국어교육 분야를 주전공 또는 복수전공으로 하여 별표 1에서 정한 영역별 필수이수학점을 취득한 후 학사 이상의 학위를 취득한 사람. 이 경우 외국 국적을 가진 사람은 문화체육관광부장관이 시험 종류, 시험의 유효기간 및 급수 등을 정하여 고시하는 시험에 합격한 사람일 것

   나. 2005년 7월 28일 전에 대학에 입학한 사람으로서 외국어로서의 한국어교육 분야를 주전공 또는 복수전공으로 하여 별표 1 제3호에 따른 영역에 속한 과목과 같은 표 제5호에 따른 영역에 속한 과목을 합산하여 18학점 이상을 이수하되, 같은 표 제3호에 따른 영역에 속한 과목을 2학점 이상 이수한 후 학사 학위를 취득한 사람

   다. 2005년 7월 28일 전에 「고등교육법」 제29조에 따른 대학원(이하 "대학원"이라 한다)에 입학한 사람으로서 외국어로서의 한국어교육 분야를 전공으로 하여 별표 1 제3호에 따른 영역에 속한 과목과 같은 표 제5호에 따른 영역에 속한 과목을 합산하여 8학점 이상을 이수하되, 같은 표 제3호에 따른 영역에 속한 과목을 2학점 이상 이수한 후 석사 이상의 학위를 취득한 사람

   라. 제3호가목 및 다목부터 마목까지의 어느 하나에 해당하여 한국어교원 3급 자격을 취득한 후에 제2항에 따른 기관 또는 단체 등에서 3년 이상 근무한 사람으로서 총 1천200시간 이상의 한국어교육경력이 있는 사람

   마. 제3호나목, 바목 및 사목의 어느 하나에 해당하여 한국어교원 3급 자격을 취득한 후에 제2항에 따른 기관 또는 단체 등에서 5년 이상 근무한 사람으로서 총 2천 시간 이상의 한국어교육경력이 있는 사람

3. 한국어교원 3급

   가. 외국어로서의 한국어교육 분야를 부전공으로 하여 별표 1에서 정한 영역별 필수이수학점을 취득한 후 학사 학위를 취득한 사람. 이 경우 외국 국적을 가진

사람은 문화체육관광부장관이 시험 종류, 시험의 유효기간 및 급수 등을 정하여 고시하는 시험에 합격한 사람일 것

나. 별표 1에서 정한 영역별 필수이수시간을 충족하는 한국어교원 양성과정을 이수한 후 제14조에 따른 한국어교육능력검정시험에 응시하여 합격한 사람

다. 2005년 7월 28일 전에 대학에 입학한 사람으로서 외국어로서의 한국어교육 분야를 주전공 또는 복수전공으로 하여 별표 1 제3호에 따른 영역에 속한 과목과 같은 표 제5호에 따른 영역에 속한 과목을 합산하여 10학점 이상 17학점 이하를 이수하되, 같은 표 제3호에 따른 영역에 속한 과목을 2학점 이상 이수한 후 학사 학위를 취득한 사람

라. 2005년 7월 28일 전에 대학원에 입학한 사람으로서 외국어로서의 한국어교육 분야를 전공으로 하여 별표 1 제3호에 따른 영역에 속한 과목과 같은 표 제5호에 따른 영역에 속한 과목을 합산하여 6학점 이상 7학점 이하를 이수하되, 같은 표 제3호에 따른 영역에 속한 과목을 2학점 이상 이수한 후 석사 이상의 학위를 취득한 사람

마. 2005년 7월 28일 전에 대학에 입학한 사람으로서 외국어로서의 한국어교육 분야를 부전공으로 하여 별표 1 제3호에 따른 영역에 속한 과목과 같은 표 제5호에 따른 영역에 속한 과목을 합산하여 10학점 이상 이수하되, 같은 표 제3호에 따른 영역에 속한 과목을 2학점 이상 이수한 후 학사 학위를 취득한 사람

바. 2005년 7월 28일 전에 제2항제1호부터 제3호까지의 규정에 따른 기관 또는 단체 등에서 800시간 이상의 한국어교육경력이 있거나 2005년 7월 28일 전에 「민법」 제32조에 따라 문화체육관광부장관의 허가를 받아 설립된 한국어세계화재단에서 실시한 한국어교육 능력을 인증하는 시험에 합격한 사람

사. 2005년 7월 28일 전에 한국어교사를 양성하는 과정을 이수하였거나 2005년 7월 28일 전에 그 과정에 등록하여 2005년 7월 28일 이후에 그 과정을 이수한 사람으로서 2005년 7월 28일 이후에 제14조에 따른 한국어교육능력검정시험에 합격한 사람

② 제1항에 따른 한국어교원의 자격 취득에 필요한 한국어교육경력이 인정되는 기관 또는 단체 등은 다음 각 호와 같다. 〈개정 2013. 3. 23., 2015.11.30.〉

1. 외국어로서의 한국어 강의가 개설된 국내 대학 및 대학 부설기관, 국내 대학에 준하는 외국의 대학 및 대학 부설기관
2. 외국어로서의 한국어 수업이 개설된 국내외 초·중·고등학교
3. 외국어로서의 한국어를 가르치는 국가, 지방자치단체 또는 외국 정부기관
4. 「재한외국인 처우 기본법」 제21조에 따라 외국인정책에 관한 사업을 위탁 받은 비영리법인 또는 비영리단체
5. 「외교부와 그 소속기관 직제」 제55조에 따른 문화원 및 「재외국민의 교육지원

부록 1. 한국어교원 자격제도 관련 법규

등에 관한 법률」 제28조에 따른 한국교육원

6. 그 밖에 문화체육관광부장관이 문화체육관광부령으로 정하는 바에 따라 한국어 교육경력이 인정되는 기관 등으로 정하여 고시하는 기관 등

③ 문화체육관광부장관은 제1항에 따른 한국어교원 자격을 취득하려는 사람에 대하여 그 신청에 따라 자격 충족 여부를 심사하여 그 자격이 있는지를 결정하여야 한다. 〈개정 2015.11.30.〉

④ 문화체육관광부장관은 제3항에 따라 해당 자격을 갖춘 것으로 결정된 사람에게 별지 제3호서식(전자문서를 포함한다)의 한국어교원 자격증을 문화체육관광부령으로 정하는 바에 따라 발급한다. 〈개정 2015.11.30., 2017.9.19.〉

⑤ 제1항부터 제4항까지의 규정에 따른 한국어교원 자격의 심사 횟수, 절차, 방법, 그 밖에 필요한 사항은 문화체육관광부령으로 정한다. 〈개정 2015.11.30.〉

[전문개정 2012.8.22.]

제13조의2(대학 등의 교육과정 및 교과목 확인) ① 한국어교육 분야를 학위과정으로 운영하거나 운영하려는 대학 또는 대학원과 한국어교원 양성과정을 운영하거나 운영하려는 기관(이하 "대학 등"이라 한다)은 별표 1에 따른 영역별 과목, 필수이수학점 및 필수이수시간 적합 여부의 확인을 문화체육관광부장관에게 신청할 수 있다.

② 문화체육관광부장관은 대학 등으로부터 제1항에 따른 확인을 신청 받았을 때에는 그 적합 여부를 확인하여야 한다. 이 경우 문화체육관광부장관은 그 과정의 과목 등이 적합한 것으로 확인된 대학 등의 동의가 있으면 그 확인 결과를 공개할 수 있다.

③ 제1항에 따른 확인 절차 등에 관한 세부사항은 문화체육관광부령으로 정한다.

[전문개정 2012. 8. 22.]

제14조(한국어교육능력검정시험 실시) ① 문화체육관광부장관은 외국어로서의 한국어교육의 질을 높이기 위하여 매년 1회 이상 한국어교육능력 검정시험을 실시하여야 한다.

② 문화체육관광부장관은 제1항에 따른 한국어교육능력 검정시험(이하 "한국어교육능력 검정시험"이라 한다)을 실시할 때에는 한국어교육능력 검정시험의 시행 일시 및 장소를 시험 시행일 90일 전까지 공고하여야 한다.

③ 한국어교육능력 검정시험의 영역 및 검정 방법은 별표 2와 같다.

④ 한국어교육능력 검정시험의 합격자는 필기시험에서 각 영역의 40퍼센트 이상, 전 영역 총점의 60퍼센트 이상 득점하고 면접시험에 합격한 사람으로 한다.

⑤ 문화체육관광부장관은 한국어교육능력 검정시험의 출제·시행·채점 및 관리에 관한 업무를 다음 각 호의 요건을 갖춘 관련 전문기관이나 단체로 하여금 수행하게 할 수 있다.

1. 비영리법인일 것
2. 한국어교육능력 검정시험을 실시할 수 있는 인력과 시설을 갖출 것

3. 한국어교육능력 검정시험에 관한 전문성을 갖출 것
⑥ 부정한 방법으로 시험에 응시한 사람 또는 시험에서 부정한 행위를 한 사람에 대해서는 해당 시험을 정지하거나 무효로 하고, 그 처분이 있었던 날부터 3년간 시험의 응시자격을 정지한다.
⑦ 필기시험에 합격한 사람에 대해서는 합격한 해의 다음 회 시험에 대해서만 필기시험을 면제한다.
⑧ 한국어교육능력 검정시험에 응시하려는 사람은 문화체육관광부장관이 정하는 응시 수수료를 내야 한다.
⑨ 한국어교육능력 검정시험의 응시 수수료, 환불, 그 밖에 한국어교육능력 검정시험의 운영에 필요한 사항은 문화체육관광부장관이 정하여 고시한다.
[전문개정 2012. 8. 22.]

[시행령 별표 1] 〈개정 2012.8.22.〉

한국어교원 자격 취득에 필요한 영역별 필수이수학점 및 필수이수시간
(제13조제1항관련)

번호	영역	과목 예시	대학의 영역별 필수이수학점		대학원의 영역별 필수이수학점	한국어교원 양성과정 필수이수시간
			주전공 또는 복수전공	부전공		
1.	한국어학	국어학개론, 한국어음운론, 한국어문법론, 한국어어휘론, 한국어의미론, 한국어화용론(話用論), 한국사, 한국어어문규범 등	6학점	3학점	3~4학점	30시간
2.	일반언어학 및 응용언어학	응용언어학, 언어학개론, 대조언어학, 사회언어학, 심리언어학, 외국어습득론 등	6학점	3학점		12시간
3.	외국어로서의 한국어 교육론	한국어교육개론, 한국어교육과정론, 한국어평가론, 언어교수이론, 한국어표현교육법(말하기, 쓰기), 한국어이해교육법(듣기, 읽기), 한국어발음교육론, 한국어문법교육론, 한국어어휘교육론, 한국어교재론, 한국문화교육론, 한국어한자교육론, 한국어교육정책론, 한국어번역론 등	24학점	9학점	9~10학점	46시간
4.	한국 문화	한국민속학, 한국의 현대문화, 한국의 전통문화, 한국문학개론, 전통문화현장실습, 한국현대문화비평, 현대한국사회, 한국문학의 이해 등	6학점	3학점	2~3학점	12시간
5.	한국어 교육 실습	강의 참관, 모의 수업, 강의 실습 등	3학점	3학점	2~3학점	20시간
	합계		45학점	21학점	18학점	120시간

※ 한국어교원 자격의 취득에 필요한 영역별 과목의 적합 여부, 필수이수학점 및 필수이수시간에 대한 세부 심사 기준은 문화체육관광부령으로 정한다.

[시행령 별표 2] 〈개정 2012.8.22.〉

한국어교육능력검정시험 영역 및 검정방법(제14조제3항 관련)

영역	배점		시간	방법
별표 1의 제1호	90	120	100분	필기
별표 1의 제2호	30			
별표 1의 제3호	150	180	150분	
별표 1의 제4호	30			
	300점		250분	
구술시험	합격/불합격			면접

부록 1. 한국어교원 자격제도 관련 법규

[시행령 별지 제3호 서식] 〈개정 2017.9.19.〉

한 국 어 교 원 자 격 증
CERTIFICATE OF KOREAN LANGUAGE TEACHER

번　　　　호
Certificate Number

이　　　　름
Full Name

생　년　월　일
Date of birth

국　　　　적
Nationality

자　　　　격
Qualification Grade

「국어기본법」 제19조제2항 및 같은 법 시행령 제13조제1항에 따른 한국어교원의 자격이 있음을 증명합니다.
This is to certify that the above mentioned person is qualified to be a Korean Language Teacher in accordance with Article 19 (2) of the Framework Act on the National Language.

년　　　월　　　일

문화체육관광부장관
Minister of Culture, Sports and Tourism, Republic of Korea

직인

1. 검정 종별: 무시험검정
2. 법정 해당 자격기준: 「국어기본법 시행령」 제13조제1항제　호　목 자격기준
3. 수여 조건: 해당 없음

210mm×297mm[백상지(150g/㎡)]

다. 국어기본법 시행규칙
(문화체육관광부령 제73호, 2010.12.29., 제정 / 문화체육관광부령 제312호, 2017.12.12., 일부개정)

제1조(목적) 이 규칙은 「국어기본법」 및 같은 법 시행령에서 위임된 사항과 그 시행에 필요한 사항을 규정함을 목적으로 한다.

제2조(한국어교원 자격 세부 심사기준) 「국어기본법 시행령」(이하 "영"이라 한다) 제13조제1항 관련 별표 1에 따른 한국어교원 자격 취득에 필요한 영역별 과목의 적합 여부, 필수이수학점 및 필수이수시간에 대한 세부 심사기준은 별표와 같다.

제2조의2(한국어교육경력이 인정되는 기관 등의 고시) 문화체육관광부장관은 영 제13조제2항제6호에 따라 한국어교육경력이 인정되는 기관 등을 정하여 고시하려는 경우에는 제4조제1항에 따른 한국어교원 자격 심사위원회의 심의를 거쳐야 한다.
[본조신설 2015.11.30.]

제3조(한국어교원 자격의 심사 횟수 및 공고) ① 영 제13조제3항 및 제4항에 따른 한국어교원 자격의 심사는 연 2회 시행하는 것을 원칙으로 하되, 문화체육관광부장관이 한국어교원의 수급(需給) 상황 등을 고려하여 필요하다고 인정하는 경우에는 그 심사 횟수를 늘리거나 줄일 수 있다.

② 문화체육관광부장관은 제1항에 따른 한국어교원 자격의 심사를 시행하기 30일 전까지 문화체육관광부 홈페이지 등에 한국어교원 자격의 신청절차에 관한 사항을 공고하여야 한다.

제4조(한국어교원 자격 심사위원회의 구성운영) ① 문화체육관광부장관은 다음 각 호의 사항을 심의하기 위하여 문화체육관광부에 한국어교원 자격 심사위원회(이하 "위원회"라 한다)를 둔다. 〈개정 2015.11.30.〉

1. 영 제13조제1항에 따른 영역별 과목의 적합 여부, 영역별 필수이수학점 및 필수이수시간에 관한 사항
2. 영 제13조제2항제6호에 따른 한국어교육경력이 인정되는 기관 등의 인정에 관한 사항
3. 영 제13조제3항에 따른 한국어교원 자격 충족 여부에 관한 사항
4. 그 밖에 한국어교원 자격의 부여와 관련하여 문화체육관광부장관이 위원회의 심의가 필요하다고 인정하는 사항

② 위원회는 위원장 1명을 포함하여 11명 이내의 위원으로 구성한다. 〈신설 2015.11.30.〉

③ 위원회의 위원장은 위원회의 위원 중에서 호선(互選)하고, 위원회의 위원은 다음 각 호의 어느 하나에 해당하는 사람 중에서 문화체육관광부장관이 성별을 고려하여 임명하거나 위촉한다. 〈개정 2017.12.12.〉

1. 문화체육관광부의 국어 관련 부서 소속 공무원
2. 국어학·언어학·국어교육·외국어교육 또는 한국어교육 분야 등에서 박사학위를 취득한 후 한국어교육 분야에서 3년 이상 연구하거나 실무 경험이 있는 사람
3. 그 밖에 한국어교육과 관련된 분야의 전문지식과 경험이 풍부한 사람

④ 제3항에 따라 위촉된 위원의 임기는 2년으로 하고, 한 차례만 연임할 수 있다. 이 경우 위원의 사임 등으로 새로 위촉된 위원의 임기는 전임위원 임기의 남은 기간으로 한다. 〈개정 2015.11.30.〉

⑤ 문화체육관광부장관은 위원회의 위원이 다음 각 호의 어느 하나에 해당하는 경우에는 해당 위원을 해촉(解囑)하거나 해임할 수 있다. 〈신설 2015.11.30.〉
1. 심신장애로 인하여 직무를 수행할 수 없게 된 경우
2. 직무와 관련된 비위 사실이 있는 경우
3. 직무태만, 품위손상이나 그 밖의 사유로 인하여 위원으로 적합하지 아니하다고 인정되는 경우
4. 위원 스스로 직무를 수행하는 것이 곤란하다고 의사를 밝히는 경우

⑥ 위원회의 회의는 재적위원 과반수의 출석으로 개의(開議)하고 출석위원 과반수의 찬성으로 의결한다. 〈개정 2015.11.30.〉

⑦ 제1항부터 제6항까지에서 규정한 사항 외에 위원회의 운영에 필요한 사항은 위원회의 의결을 거쳐 위원장이 정한다. 〈개정 2015.11.30.〉

[제목개정 2017.12.12.]

제4조의2(위원의 제척·기피·회피) ① 위원회의 위원(이하 "위원"이라 한다)이 다음 각 호의 어느 하나에 해당하는 경우에는 위원회의 심의·의결에서 제척(除斥)된다.
1. 위원 또는 그 배우자나 배우자이었던 사람이 해당 안건의 당사자가 되거나 그 안건의 당사자와 공동권리자 또는 공동의무자인 경우
2. 위원이 해당 안건의 당사자와 친족이거나 친족이었던 경우
3. 위원이 해당 안건에 대하여 증언, 진술, 자문, 연구, 용역 또는 감정을 한 경우
4. 위원이나 위원이 속한 법인·단체 등이 해당 안건의 당사자의 대리인이거나 대리인이었던 경우
5. 그 밖에 위원이 해당 안건의 직접적인 이해관계인이 되는 등 한국어교원 자격 심사의 공정성을 해칠 만한 상당한 사유가 있는 경우

② 해당 안건의 당사자는 위원에게 공정한 심의·의결을 기대하기 어려운 사정이 있는 경우에는 위원회에 기피 신청을 할 수 있고, 위원회는 의결로 기피 여부를 결정한다. 이 경우 기피 신청의 대상인 위원은 그 의결에 참여할 수 없다.

③ 위원이 제1항 각 호에 따른 제척사유에 해당하는 경우에는 스스로 해당 안건의 심의·의결에서 회피(回避)하여야 한다.

[본조신설 2017.12.12.]
제5조(한국어교원 자격의 심사 신청 등) ① 영 제13조에 따라 한국어교원 자격을 취득하려는 다음 각 호의 사람은 별지 제1호서식의 한국어교원 자격 심사신청서(전자문서로 된 신청서를 포함한다)에 다음 각 호의 구분에 따른 서류(전자문서를 포함한다)를 첨부하여 문화체육관광부장관에게 제출하여야 한다. 이 경우 한국어교원 양성과정 이수증명서는 별지 제2호서식에 따르고, 한국어교육 경력증명서는 별지 제3호서식에 따른다. 〈개정 2015.11.30.〉

1. 영 제13조제1항제1호에 따른 자격 요건을 충족하는 사람: 한국어교육 경력증명서
2. 영 제13조제1항제2호가목에 따른 자격 요건을 충족하는 사람: 졸업증명서(학위증명서로 대신할 수 있다) 및 성적증명서. 이 경우 외국 국적을 가진 사람은 영 제13조제1항제2호가목 후단에 따른 시험의 성적증명서를 추가로 제출하여야 한다.
3. 영 제13조제1항제2호나목 및 다목에 따른 자격 요건을 충족하는 사람: 졸업증명서(학위증명서로 대신할 수 있다) 및 성적증명서
4. 영 제13조제1항제2호라목 및 마목에 따른 자격 요건을 충족하는 사람: 한국어교육 경력증명서
5. 영 제13조제1항제3호가목에 따른 자격 요건을 충족하는 사람: 졸업증명서(학위증명서로 대신할 수 있다) 및 성적증명서. 이 경우 외국 국적을 가진 사람은 영 제13조제1항제3호가목 후단에 따른 시험의 성적증명서를 추가로 제출하여야 한다.
6. 영 제13조제1항제3호나목에 따른 자격 요건을 충족하는 사람: 한국어교원 양성과정 이수증명서 및 영 제14조에 따른 한국어교육능력검정시험 합격확인서
7. 영 제13조제1항제3호다목라목 및 마목에 따른 자격 요건을 충족하는 사람: 졸업증명서(학위증명서로 대신할 수 있다) 및 성적증명서
8. 영 제13조제1항제3호바목에 따른 자격 요건을 충족하는 사람: 한국어교육 경력증명서(한국어교육경력으로 자격 요건을 인정받는 사람만 해당한다) 또는 한국어교육능력인증시험 합격증명서(한국어세계화재단의 한국어교육능력을 인증하는 시험에 합격한 사람만 해당한다)
9. 영 제13조제1항제3호사목에 따른 자격 요건을 충족하는 사람: 한국어교원 양성과정 이수증명서 및 영 제14조에 따른 한국어교육능력검정시험 합격확인서

② 문화체육관광부장관은 제1항에 따른 신청을 받으면 위원회의 심의를 거쳐 한국어교원의 자격이 있는지 여부를 결정하여야 한다. 〈신설 2015.11.30.〉

③ 영 제13조제4항에 따라 한국어교원 자격증을 발급받은 사람이 그 자격증을 분실하거나 훼손하여 재발급 받으려는 경우에는 별지 제4호서식의 한국어교원 자격증 재발급신청서(전자문서로 된 신청서를 포함한다)를 문화체육관광부장관에게 제출하여야 한다. 〈개정 2015.11.30.〉

제6조(대학 등의 교육과정 및 교과목 확인) ① 한국어교육 분야를 학위과정으로 운영하거나 운영하려는 대학 또는 대학원이 영 제13조의2제1항 및 별표 1에 따른 영역별 과목의 적합 여부 확인을 신청하려는 경우에는 별지 제5호서식의 한국어교육 과목 확인신청서(전자문서로 된 신청서를 포함한다)에 과목별 강의계획서(전자문서를 포함한다)를 첨부하여 문화체육관광부장관에게 제출하여야 한다. 〈개정 2017.12.12.〉

② 한국어교육 분야를 학위과정으로 운영하거나 운영하려는 대학 또는 대학원이 영 제13조의2제1항 및 별표 1에 따른 영역별 필수이수학점의 적합 여부 확인을 신청하려는 경우에는 별지 제6호서식의 한국어 교육과정 확인신청서(전자문서로 된 신청서를 포함한다)를 문화체육관광부장관에게 제출하여야 한다. 〈개정 2017.12.12.〉

③ 한국어교원 양성과정을 운영하거나 운영하려는 기관이 영 제13조의2제1항 및 별표 1에 따른 영역별 필수이수시간의 적합 여부 확인을 신청하려는 경우에는 별지 제7호서식의 한국어교원 양성과정 확인신청서(전자문서로 된 신청서를 포함한다)에 다음 각 호의 서류(전자문서를 포함한다)를 첨부하여 문화체육관광부장관에게 제출하여야 한다. 〈신설 2017.12.12.〉

1. 과목별 강의계획서
2. 한국어교원 양성과정의 운영 개요

[시행규칙 별표]

한국어교원 자격 취득에 필요한 영역별 과목 등에 대한 세부 심사기준
(제2조 관련)

1. 영역별 과목의 적합 여부에 대한 세부 심사기준

번호	영역	세부 심사기준
1.	한국어학	한국어의 다양한 특징과 현상, 한국어의 음운·문법·어휘·의미·화용·역사·어문규범 등의 내용으로 주로 이루어지는 것
2.	일반언어학 및 응용언어학	일반 언어의 보편적인 구조와 특징, 음운·문법·어휘·의미·화용·역사 등의 일반언어학 하위 분야 내용 또는 일반언어학의 연구 결과를 실용적인 문제에 적용하는 응용언어학 하위 분야 내용으로 주로 이루어지는 것
3.	외국어로서의 한국어 교육론	외국어로서의 한국어 교육에 활용할 수 있는 외국어로서의 한국어교수법 전반에 해당되는 내용, 한국어의 음운·문법·어휘·의미·화용·역사·어문규범 등의 교육방법에 대한 내용으로 주로 이루어지는 것
4.	한국문화	한국어교육에 필요한 한국의 역사·민속·철학·정치·경제·사회·지리·예술 등의 내용으로 주로 이루어지는 것
5.	한국어교육 실습	한국어교육을 실제로 하거나 실제 한국어교육 현장을 참관하는 등 한국어교육 실습을 하는 내용으로 이루어지는 것

2. 대학 또는 대학원의 영역별 필수이수학점의 세부 심사기준
  영 별표 1에서 정한 영역별 필수이수학점은 학사, 석사 또는 박사 과정별로 각각 분리하여 적용한다.

3. 한국어교원 양성과정 필수이수시간의 세부 심사기준
  가. 강의시간은 50분을 한국어교원 양성과정 필수이수시간의 1시간 단위로 한다. 다만, 원격교육(방송·통신·인터넷 등에 의하여 원격으로 교육을 하는 것을 말한다) 방법에 따른 강의시간은 과목의 내용에 대한 강의로 구성된 25분을 한국어교원 양성과정 필수이수시간의 1시간 단위로 한다.
  나. 최초 수업일부터 만 2년 이내에 모든 과정을 수료해야 한다.

부록 1. 한국어교원 자격제도 관련 법규

[시행규칙 별지 제1호 서식]

한국어교원 자격 심사신청서

● 작성 시 유의 사항을 참고하시기 바랍니다. 어두운 칸은 신청인이 작성하는 곳이 아닙니다.   (앞쪽)

접수 번호			접수일		처리 기간	50일
신청인	①성명		(한글)		최근 6개월 이내에 촬영한 본인 사진 (3.5×4.5cm)	
			(영문) ※여권에 적힌 이름			
	②생년월일			③국적		
	④주소 ※자격증 발급 시 수령할 수 있는 주소					
	⑤휴대 전화 (전화)			⑥전자 우편		
	⑦신청 등급 ( )급-( )번			⑧한국어교원 자격증 소지자(해당자만 기재) 자격증 번호: 자격 취득일: 취득 유형:( )급 ( )번		
⑨학력	부터	까지	한국어교육 분야 학력 ('학교명과 학과명' 또는 '학교명과 전공명' 기재)			
	. .	. .				
⑩양성과정	부터	까지	한국어교원 양성 과정 이수 기관명		이수 시간	
	. .	. .				
⑪ 한국어 교육 근무 경력	부터	까지	근무 기관		직위(급)	
	. .	. .				
	. .	. .				
	. .	. .				

「국어기본법」 제19조제2항, 같은 법 시행령 제13조 및 같은 법 시행규칙 제5조제1항에 따라 한국어교원 자격 심사를 신청합니다.

년 월 일

신청인   (서명 또는 인)

문화체육관광부장관   귀하

첨부 서류	뒤쪽 참조	수수료 없음

작성 시 유의 사항

-④번의 주소로 자격증을 발송하게 되오니 주소를 정확히 적으십시오.
-⑧번 칸부터 ⑪번 칸까지는 해당자만 적으십시오.
-⑪번의 직위(급) 칸에는 '수습강사, 시간강사, 전임강사' 등으로 적으십시오.

210mm×297mm[백상지(80g/㎡) 또는 중질지(80g/㎡)]

(뒤쪽)

등급	해당 규정	붙임 서류
1급	1. 「국어기본법 시행령」 제13조제1항제1호에 따른 자격 요건을 충족하는 사람	한국어교육 경력증명서
2급	2. 「국어기본법 시행령」 제13조제1항제2호가목에 따른 자격 요건을 충족하는 사람 3. 「국어기본법 시행령」 제13조제1항제2호나목 및 다목에 따른 자격 요건을 충족하는 사람	가. 졸업증명서(학위 증명서로 대신할 수 있습니다) 나. 성적증명서(제13조제1항제2호가목에 해당하는 경우 외국 국적을 가진 사람은 「국어기본법 시행령」 제13조제1항제2호가목 후단에 따른 시험의 성적증명서를 추가로 제출하여야 합니다)
	4. 「국어기본법 시행령」 제13조제1항제2호라목 및 마목에 따른 자격 요건을 충족하는 사람	한국어교육 경력증명서
3급	5. 「국어기본법 시행령」 제13조제1항제3호가목에 따른 자격 요건을 충족하는 사람 6. 「국어기본법 시행령」 제13조제1항제3호다목·라목 및 마목에 따른 자격 요건을 충족하는 사람	가. 졸업증명서(학위 증명서로 대신할 수 있습니다) 나. 성적증명서(제13조제1항제3호가목에 해당하는 경우 외국 국적을 가진 사람은 「국어기본법 시행령」 제13조제1항제3호가목 후단에 따른 시험의 성적증명서를 추가로 제출하여야 합니다)
	7. 「국어기본법 시행령」 제13조제1항제3호나목에 따른 자격 요건을 충족하는 사람 8. 「국어기본법 시행령」 제13조제1항제3호사목에 따른 자격 요건을 충족하는 사람	가. 한국어교원 양성과정 이수증명서 나. 「국어기본법 시행령」 제14조 한국어교육능력 검정시험 합격 확인서
	9. 「국어기본법 시행령」 제13조제1항제3호바목에 따른 자격 요건을 충족하는 사람으로 한국어교육경력으로 자격 요건을 인정받는 사람	한국어교육 경력증명서
	10. 「국어기본법 시행령」 제13조제1항제3호바목에 따른 자격 요건을 충족하는 사람으로 한국어세계화재단의 한국어교육능력을 인증하는 시험에 합격한 사람	한국어교육능력인증시험 합격 증명서

처리 절차

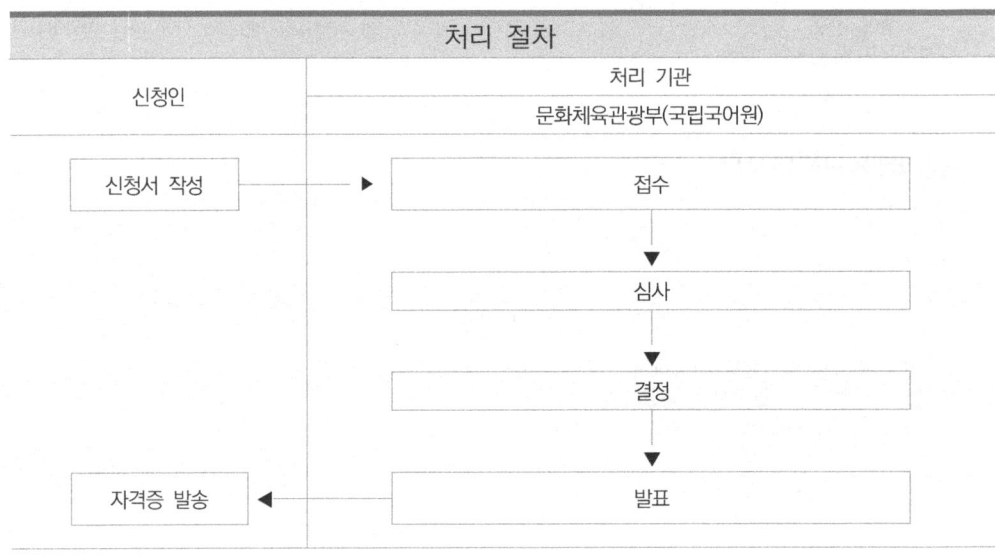

부록 1. 한국어교원 자격제도 관련 법규

[시행규칙 별지 제2호 서식]

한국어교원 양성과정 이수증명서

발행 기관 관리 문서 번호							

신청인	성명				생년월일		

이수 내용	연도	학기	이수 기간	이수 과목	이수 시간	「국어기본법 시행령」 별표 1에 따른 영역	영역별 이수 시간
						1. 한국어학	
						2. 일반언어학 및 응용언어학	
						3. 외국어로서의 한국어 교육론	
						4. 한국문화	
						5. 한국어교육 실습	
총 이수 시간			( )시간				

위 사람은 위와 같이 한국어교원 양성과정을 이수하였음을 증명합니다.

년 월 일

발급 기관의 장 [직인]

담당자		
발급 기관명(부서명)		주소
담당자 이름	전화번호	전자 우편

210mm×297mm[백상지(80g/㎡)]

[시행규칙 별지 제3호 서식]

한국어교육 경력증명서
(Certificate of Career in Korean Language Education)

발행 기관 관리 문서 번호 (Certificate No.)						
신청인 (Applicant)	성명(Full Name)				생년월일(Date of Birth)	

	연도 (Year)	학기 (Semester)	담당 과목명 (Subject)	강의 시간 (Lecture Hours)	강의 기간 (Period of Lecture)	비고 (Remarks)
강의 경력 (Lecturing Experience)						
강의 시간 합계 (Total Lecture Hours)			(	) 시간(hours)		

위 사람은 위와 같이 외국어로서의 한국어교육 경력이 있음을 증명합니다.
This is to certify that the statements above are true and correct.

년　　월　　일
(Date of Issue　　.　　.　　.)

발급 기관의 장
(Head of Organization)

직인
(Official Seal)

담당자(Supervisor)			
발급 기관명(부서명) (Issuing Organization's Name (Department))		주소(Address)	
담당자 이름 (Full Name)	전화번호 (Phone Number)	전자 우편(E-mail)	

210mm×297mm [백상지 80g/㎡]

부록 1. 한국어교원 자격제도 관련 법규

[시행규칙 별지 제4호 서식]

한국어교원 자격증 재발급신청서

※ 색상이 어두운 칸은 신청인이 작성하는 곳이 아닙니다. [ ]에는 해당되는 곳에 √표를 해 주십시오. (앞쪽)

접수번호		접수일		처리 기간	14일
신청인	성명(한글) (영문)			생년월일	
	전자 우편		전화번호	휴대전화번호	
	주소				
자격	취득 유형	( )급 ( )번			
	자격증 번호				
	취득일				
재발급 신청 사유					

「국어기본법 시행규칙」 제5조제3항에 따라 위와 같이 한국어교원 자격증의 재발급을 신청합니다.

년 월 일

신청인 (서명 또는 인)

문화체육관광부장관 귀하

붙임서류	한국어교원 자격증(훼손된 경우에만 제출합니다)	수수료 수입인지 10,000원

210mm×297mm[백상지(80g/㎡) 또는 중질지(80g/㎡)]

(뒤쪽)

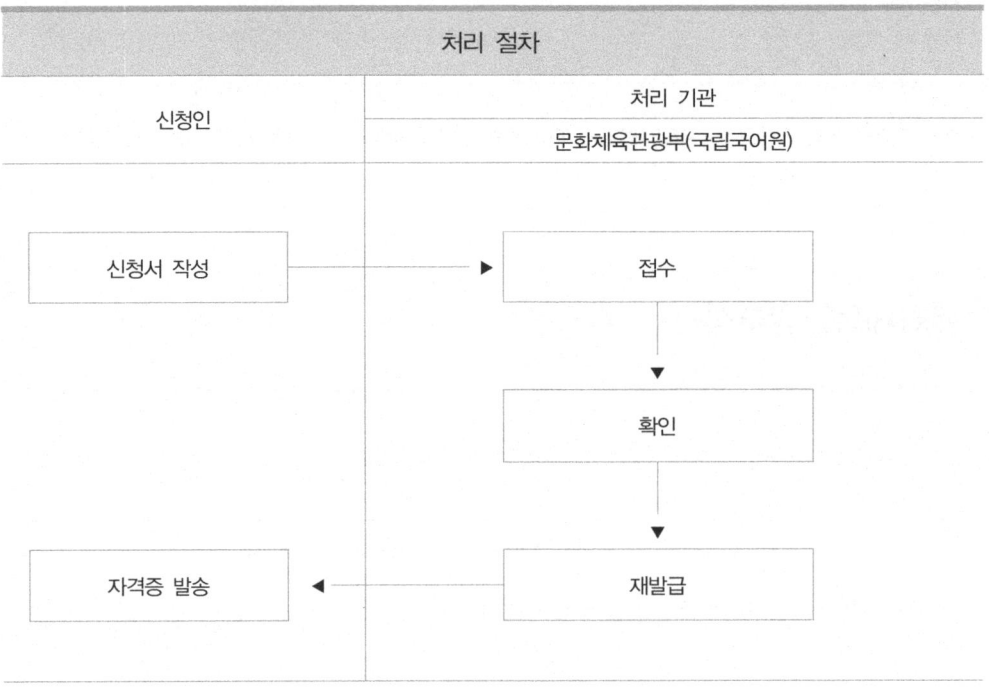

[시행규칙 별지 제5호 서식]

한국어교육 과목 확인 신청서

※ [ ]에는 해당되는 곳에 √표를 해 주십시오.

신청 기관				
주소				
담당자	성명		전화번호	
	전자 우편		팩스번호	
신청 과목명			과목의 해당 영역	( ) 영역
			과목 개설 시기	년 월
과목 구분	[ ] 학부 전공과목 [ ] 석사 전공과목 [ ] 박사 전공과목 [ ] 석사·박사 통합과정 전공과목 학부 연계 전공과목		[ ] 다른 전공과목 [ ] 교양과목 [ ] 전공 교직과목 [ ] 기타 (직접 기재:)	
과목 개요	강의 목적			
	강의 방식	[ ] 강의식 [ ] 토론식 [ ]실습 [ ] 기타 (직접 기재:)		
	강의 주요 내용			
	학점	( ) 학점		
	기타			
주교재	도서명:	저자:	출판사:	출판 연도:
부교재	도서명:	저자:	출판사:	출판 연도:
담당 교수 (최근 3년 이내)	직위	성명	학력 및 주요 경력	

첨부 서류: 과목별 강의계획서 1부

년   월   일

신청 기관의 장   [직인]

문화체육관광부장관 귀하

210mm×297mm[백상지(80g/㎡) 또는 중질지(80g/㎡)]

[시행규칙 별지 제6호 서식]

한국어 교육과정 확인신청서

※ [ ]에는 해당되는 곳에 √표를 해 주십시오.

신청과정	[ ] 대학(학부 과정) [ ] 학점은행제 [ ] 대학원(석사·박사 과정)							
신청기관				과정(전공) 개설 시기		년 월 일		
주소								
담당자	성명				전화번호			
	전자 우편				팩스번호			
영역	과목명	학점	비고	영역	과목명		학점	비고
1. 한국어학				3. 외국어로서의 한국어 교육론				
2. 일반언어학 및 응용언어학				4. 한국문화				
3. 외국어로서의 한국어 교육론				5. 한국어교육 실습				
총 과목 수	( )개			총학점	( )학점			

년 월 일

신청 기관의 장 [직인]

문화체육관광부장관 귀하

210mm×297mm[백상지(80g/㎡) 또는 중질지(80g/㎡)]

부록 1. 한국어교원 자격제도 관련 법규

[시행규칙 별지 제7호 서식]

한국어교원 양성과정 확인신청서

※ [ ]에는 해당되는 곳에 √표를 해 주십시오.

신청 기관명				과정명			
과정 유형	[ ] 주간 과정 [ ] 야간 과정 [ ] 단기 집중 과정 [ ] 방학 과정 [ ] 기타			과정 개설 시기	년 월		
모집 정원				교육 기간			
수업 일수/주				수업 시간대			
주 소				인터넷 누리집 (홈페이지)			
담당자	성명			전화번호			
	전자 우편			팩스번호			
영역	과목명	시간	비고	영역	과목명	시간	비고
1. 한국어학				3. 외국어로서의 한국어 교육론			
2. 일반언어학 및 응용언어학				4. 한국문화			
3. 외국어로서의 한국어 교육론				5. 한국어교육 실습			
총 과목 수	( )개			총 이수 시간	( )시간		

첨부 서류: 과목별 강의계획서, 한국어교원 양성과정의 운영 개요

년   월   일

신청 기관의 장 [직인]

문화체육관광부장관 귀하

210mm×297mm[백상지(80g/㎡) 또는 중질지(80g/㎡)]

 한국어교육 실습 교과목 관련 각종 서식(예시)

[양식 1] 현장 실습 협약서

현장 실습 협약서(예시)

○○○○(이하 "갑"이라 한다)과 ○○대학교(이하 "을"이라 한다)는 "을"소속 학생들(이하 "실습생"이라 한다)의 진로 선택에 도움을 주고, 한국어교육 현장에서 요구하는 전문 지식과 경험 습득을 목적으로 하는 현장 실습(이하 "현장 실습"이라 한다) 운영과 관련된 지침을 준수하고, 상호간의 운영에 필요한 사항을 이행하기 위하여 다음과 같이 협약을 체결한다.

제1조 (현장 실습 운영 기준)
① 현장 실습은 최소 O주간, OO일(OO시간) 이상 실시하여야 한다.
② 현장 실습은 통상 근로시간 내 운영하되, 현장 실습 기관의 특성 및 실습생의 상황(직장인 등)을 고려하여 야간 및 주말 시간을 이용한 현장 실습도 운영할 수 있다.

제2조 ("갑"의 현장 실습 운영)
① "갑"은 현장 실습이 내실 있게 실시될 수 있도록 하기 위하여 실습생의 희망 진출 분야 및 진로를 고려하여 배치함으로써 다양하고 폭넓은 현장 경험을 쌓을 수 있도록 최선의 기회를 제공한다.
② "갑"은 현장 실습을 지도할 담당자를 배치하여 실습생이 성실히 현장 실습을 수행할 수 있도록 지도하고 실습생에 대한 출결 관리 및 평가를 실시한다.

제3조 ("을"의 현장 실습 운영)
① "을"은 현장 실습 운영 계획 및 일정 수립 후 "갑"과 실습생에 대한 안내 및 홍보를 실시한다.
② "을"은 "갑"으로부터 현장 실습 운영에 필요한 모집 인원, 실습 기간 등의 신청서를 접수, 검토 후 실습생 지원 및 모집에 관한 업무를 실시한다.
③ "을"은 "갑"의 실습생 선발에 필요한 정보 및 업무 지원을 실시한다.
④ "을"은 선발된 실습생을 대상으로 다음 각 호의 사항이 준수될 수 있도록 사전 교육을 실시한다.
1. 실습생은 실습 기간 동안 주어진 과제를 성실하게 수행한다.
2. 실습생은 실습 기간 동안 "갑"의 사규 등 제반 수칙을 준수한다.
3. 실습생은 실습을 위한 기계, 공구, 기타 장비가 파손되거나 분실되지 않도록 주의한다.
4. 실습생은 실습 과정에서 알게 된 "갑"의 기밀 사항을 누설하지 아니한다.
⑤ "을"은 현장 실습 중 "갑"의 현장 방문을 통하여 "갑"과 실습생의 건의사항 및 애로사항이 개선될 수 있도록 조치를 취한다.

⑥ "을"은 "을"의 현장 실습 관련 규정에 따라 현장 실습 종료 후 "갑"과 실습생의 제출 서류 검토 후 실습생에 대한 학점 인정 절차를 실시한다.

제4조 (현장 실습 시간 및 장소)
① 실습 시간은 "갑"의 근로시간을 기준하여 1일 4시간 실습하는 것을 권장하되, 식사 시간은 총 실습 시간에서 제외한다.
② 실습 장소는 "갑"의 사업장 또는 사업과 관련된 장소로 하고, 실습생의 보건·위생 및 산업재해 등으로부터 안전한 장소로 지정토록 "갑"과 "을"이 협의한다.

제5조 (실습비 및 실습 지원비)
① "갑"은 실습 지도에 소요되는 기본 경비 등을 위해 "을"과 협의하여 실습비를 받을 수 있다.
② "갑"은 실습생에게 숙식비, 교통비, 실습 보조금 등의 실습 지원비를 별도로 정하여 지원할 수 있으며, 지원할 경우 "을"과 협의하여 지급한다.

제6조 (보험가입) "을"은 현장실습 기간 동안 실습과 관련하여 실습생에게 발생할 수 있는 상해에 대비한 보험에 가입하여야 한다. 이와 별도로 "갑"은 "갑"의 필요에 따른 보험을 가입할 수 있다.

제7조 (협약의 효력 및 기간) 본 협약의 효력은 협약 체결일로부터 발생하며 협약 기간은 협약 체결일로부터 1년으로 한다. 단, "갑" 또는 "을" 중 이의를 제기하지 않을 경우 자동 갱신되는 것으로 한다.

제8조 (기타) 본 협약에 명기되지 아니한 세부 사항에 대해서는 당사자 간 협의하여 별도로 정한다.

본 협약의 성립을 증명하기 위하여 협약서 2부를 작성, "갑"과 "을"은 각각 서명 날인 후 1부씩 보관한다.

20 년   월   일

"갑"	"을"
기관명 : ○ ○ ○ ○	기관명 : ○ ○ 대 학 교
주 소 :	주 소 :
대표자 : ㉠	대표자 : ㉠

[양식 2] 실습 의뢰서

실 습 의 뢰 서

수 신 :

참 조 :

제 목 :

---

1. 항상 한국어교육 현장 실습을 위해 애써 주시는 귀 기관에 감사드리며 귀 기관의 무궁한 발전을 기원합니다.

2. 「한국어교육실습」 과목을 수강하는 아래 학생의 현장 실습을 귀 기관으로 요청하오니 협조하여 주시기 바랍니다.

- 다 음 -

실습생 성명	생년월일	학과/전공	학년/학기

○○ 기관장

담당자 000   학과장 000

시행 000-000(0000년)00월)00(일))   접수 0000-0000(0000.00.00.)

주소:

전화: / 전자 우편(E-mail):

[양식 3] 현장 실습 지도 관리부

현장 실습 지도 관리부

실습 교과목 담당 교수자:　　　　　　　(서명 또는 인)

학과명/전공명:

실습생 성명	학번	실습 기간	실습 기관	실습 모형 (강의 참관, 강의 실습)	총점

[양식 4] 한국어교육 현장 경험 확인서

한국어교육 현장 경험(실습/참관) 확인서

실습생 정보	성 명		생년월일	
	학교/학과명		실습 담당 교수명	
	실습 기간	년 월 일부터 ~ 년 월 일까지(총 일)		
	실습 시간	총 시간 (매주 요일부터 ~ 요일까지)		

실습기관 정보	실습 기관	기 관 명		기관 유형	
		전화번호		실습 운영 부서	
		주 소			
	현장실습지도자	성명		한국어교원 자격증	급수	
					취득일	
		직위			자격증 번호	
		한국어교육 경력				
		기관명		기간		
				년 월~ 년 월(총 개월)		
				년 월~ 년 월(총 개월)		
		합계		총 개월		

위와 같이 실습 내용을 확인합니다.

년 월 일

현장 실습 지도자: (서명 또는 인)

실습 기관의 장 　직인

[양식 5] 강의참관 일지

강의참관 일지

성 명				생년월일	
참관일	년 월 일(요일)			현장 실습 지도자 확인	(서명 또는 인)
	일시	참관 시간	참관 급수	참관 수업 강의자	참관 장소
참관 내용	※ 참관 일정에 따른 시간 순으로, 주요 활동 내용을 기술 ※ 프로그램 참관(보조진행) 시, 단순히 'OOO프로그램 참관'이 아닌, 프로그램의 목적, 주요 내용, 강의자의 수업 자료 및 진행 방법 등을 수업 절차에 따라 자세히 기록				
참관 소감					

[양식 6] 강의실습 일지

강의실습 일지

성 명			생년월일	
실습일	년 월 일(요일)		현장 실습 지도자 확인	(서명 또는 인)
실습 시간	일시	시간	급수	장소
실습 일정	실습 활동 내용			비고
	09:00 ~ 09:50			
실습 내용	※ 실습 일정에 따른 업무명 순으로, 주요 활동 내용을 기술 ※ 실습 지도가 가능하도록 구체적, 객관적으로 기술(실습 일지는 개인 일기가 아니므로, 실습 일과에 대한 개인의 감정, 의견, 느낌 등은 가능한 한 피해야 함.)			
실습 소감 및 자기평가 (협의 사항 포함)				
현장 실습 지도자 의견				

부록 2. 한국어교육 실습 교과목 관련 각종 서식(예시)

[양식 7] 실습 의뢰 결과 회보서

실습 의뢰 결과 회보서

1. 실습 의뢰 결과
☐ 수락합니다(수락시 하단의 내용 기재) ☐ 거절합니다

2. 실습 기본사항

① 실습 기관 정보

기 관 명		기관 유형	
전화번호		실습 운영 부서	
주 소			

② 현장 실습 지도자 정보

성 명		한국어교원 자격증	급 수	
생년월일			취 득 일	
직 위			자격증 번호	
한국어교육 경력				
기관명	소속 부서	경력 기간(년 월)		담당 업무
		년 월~ 년 월(총 개월)		
		년 월~ 년 월(총 개월)		
합계		총 개월		

③ 요청사항

필요 서류	
실습비	원(실습 개시일 납부 요망)
참고 사항	

상기 내용으로 귀 기관에서 의뢰한 현장 실습 의뢰 결과를 회보합니다.

실습 기관의 장 [직인]

※ [붙임] 한국어 교육기관 증빙서류 1부.

[양식 8] 실습생 평가서

실습생 평가서

실습생 성명		생년월일	
양성기관명		현장 실습 지도자	(서명 또는 인)

평가 영역(배점)		평가 항목	배점	점수
근무 태도	근무 사항	· 출석, 결석, 지각, 조퇴 등		
	태도	· 성실성, 근면성, 친절성, 적극성, 예절 등		
자질	목표 설정 및 계획 수립	· 실습 목표 설정 · 실습 세부 계획 수립 등		
	가치관	· 한국어교육에 대한 가치관 및 신념 · 실습생으로서의 자세와 역할 등		
	관계 형성	· 기관 내 직원들과의 협조적인 대인관계 · 동료 실습생과의 관계		
학습 지도 능력				
		총 점	100	

총평	

자주 하는 질문

학위과정

① 이수한 과목명이 예시 과목명과 다를 경우에도 필수이수학점으로 인정되나요?

네, 인정받을 수 있습니다. 다만, 교과목의 영역 판정은 한국어교원 자격 심사 위원회의 심의를 거쳐 결정됩니다. 학교 측에서는 1~5영역 중 특정 영역에 해당되는 교과목이라고 판단하여 개설하였더라도 강의계획서 등을 토대로 심의한 결과 영역별 교과목 개설 기준과 다를 경우, 해당 영역으로 인정하지 않을 수 있습니다. 그러므로 담당 교수, 한국어교육 전공 교수와 사전에 충분히 상담을 한 후 수강 신청을 하시기 바랍니다.

※ 대학(원)의 인정받은 필수이수학점 교과목 목록은 '한국어교원 누리집 (https://kteacher.korean.go.kr)'에서 확인할 수 있습니다.

② 저는 대학원생인데, 학부의 한국어교육 전공과목을 이수해도 인정되나요? 또 대학원 과정의 선수 과목도 영역별 필수이수학점으로 인정되나요?

인정되지 않습니다. 동일한 과정 내에서 이수한 과목만 필수이수학점으로 인정됩니다. 또한, 선수 및 보충 과목은 한국어교원 자격 취득에 필요한 필수이수학점으로 인정되지 않습니다.

③ 대학(원) 수료한 경우에도 한국어교원 자격증을 취득할 수 있나요?

취득할 수 없습니다. 국어기본법 시행령에 따르면 '외국어로서의 한국어교육' 학위를 취득한 자에 한해서 자격증 취득이 가능합니다. 그렇기 때문에 심사 신청 시 졸업증명서를 필수 제출 서류로 두고 있는 것입니다. 따라서 수료자 및 졸업 예정자는 자격증 취득이 불가능하며, 졸업을 하여 '외국어로서의 한국어교육' 학위 취득이 완료된 후에만 자격증 취득이 가능합니다.

④ 부전공으로 한국어교원 3급 자격을 취득하지 못할 수도 있나요?

네, 취득하지 못하는 경우도 있습니다. 외국어로서의 한국어교육을 부전공하여 졸업하였더라도 전공 학과가 개설되어 있지 않은 대학에서 부전공이나 복수전공, 연계전공을 한 경우에는 인정되지 않습니다.

⑤ '외국어로서의 한국어교육'을 전공(복수전공)하였는데 필수이수학점을 다 채우지 못했습니다. 그러나 부전공에 해당하는 필수이수학점은 충족하는데 이때 3급으로 신청할 수 있나요?

전공(복수전공)자는 국어기본법 시행령에 의거하여 2급 외에는 신청할 수 없습니다. 마찬가지로 부전공자가 전공(복수전공)에 해당하는 필수이수학점을 충족하더라도 2급을 신청할 수 없습니다.

⑥ 편입학한 경우, 심사 시에 입학 시점의 적용 기준이 달라지나요?

네, 한국어교육 전공(학과)에 편입한 시점을 기준으로 적용 기준이 결정됩니다. 예를 들어, 2006년에 한국어교육 전공(학과)으로 편입학했다면 입학 연도가 2006년으로 적용됩니다. 따라서 [별표 1]의 한국어교원 자격 취득에 필요한 영역별 필수이수학점을 45학점 이상 이수해야 합니다.

⑦ 저는 2004년에 입학하여 2006년에 개설된 한국어교육을 복수전공 하였습니다. 이럴 경우 시행령 제정 이전('05. 7. 28.) 대상자에 포함될 수 있나요?

포함되지 않습니다. 시행령 제정 이전('05. 7. 28.) 입학자라 하더라도 한국어교육 전공(학과) 개설일이 시행령 제정 이후라면 해당되지 않습니다. 따라서 [별표 1]의 한국어교원 자격 취득에 필요한 영역별 필수이수학점을 45학점 이상 이수해야 합니다.

⑧ 외국 국적자의 경우도 학위과정으로 한국어교원 자격증 취득이 가능한가요?

네, 가능합니다. 외국 국적자도 외국어로서의 한국어교육 전공(복수전공, 부전공)으로 학위를 취득한 후 한국어교원 자격증을 받을 수 있습니다.

다만, '한국어능력시험(TOPIK, 토픽)' 6급에 합격해야 합니다.

(반드시 TOPIK 6급 성적증명서를 제출해야 하며, 개인 자격 부여 접수일을 기준으로 2년 이내에 응시한 시험만 유효함)

※ 양성과정을 이수한 후 한국어교육능력검정시험에 합격하여 한국어교원 자격증을 취득하는 경우에는 한국어능력시험(TOPIK, 토픽) 6급 성적증명서는 필요하지 않음.

⑨ 국립국어원 한국어교원 누리집에 안내된 교육기관의 교과목은 모두 개설이 되어서 현재 수강할 수 있나요?

그렇지 않은 경우도 있습니다. 교육기관 측에서 현재 운영하는 교과목뿐 아니라 추후에 개설할 교과목을 미리 심사 받아 놓는 경우도 있습니다. 따라서 교과목의 현 개설 여부는 해당 교육기관에 문의를 하셔야 합니다. 또, 학점은행제 교과목은 '국가평생교육진흥원'에서도 평가 인정을 받아야 개설이 가능하므로 이에 대한 여부를 확인하신 뒤 수강 여부를 결정하시는 것이 바람직합니다.

비학위과정(한국어교원 양성과정)

① 한국어교원 양성과정을 이수하는 데 학력이나 나이 제한은 없나요?

한국어교원 양성과정 이수 후 한국어교원 자격을 취득하는 데 있어서 법적인 학력 또는 나이 제한은 없습니다. 다만, 각 단기 양성기관의 개설 목적과 성격에 따라 자율적으로 수강 자격에 제한을 두는 경우가 있습니다. 따라서 이수를 원하시는 양성기관에 수강 자격에 대한 문의를 하시는 것이 좋습니다.

② 한국어교원 양성과정에 등록하려고 하는데 어느 곳에 등록해야 하나요?

2010년부터 국립국어원은 대학(원) 및 학점은행제 기관과 양성기관의 교육과정 및 교과목을 사전에 확인(대학 등의 교육과정 및 교과목 확인)하고 있습니다. 이에 따라 확인 결과 적합 판정을 받은 기관의 경우에는 개인 자격 부여에 문제가 없으나 확인받지 않은 기관 및 부적합 판정을 받은 기관의 양성과정을 이수한 신청자는 심사에서 불합격 판정을 받습니다. 따라서 양성기관을 선택할 때에는 교육과정 및 교과목 확인 결과를 확인한 뒤에 선택하는 것이 좋습니다. 양성기관 정보는 한국어교원 누리집(https://kteacher.korean.go.kr) [교육기관 → 비학위 과정(양성과정)]에서 확인할 수 있습니다.

③ 한국어교원 양성과정 이수 후 한국어교육능력검정시험에 합격하면 한국어교원 자격증이 자동적으로 발급되나요?

그렇지 않습니다. 한국어교원 양성과정 이수 후, 한국어교육능력검정시험 합격으로 한국어교원 자격증이 자동적으로 발급되는 것은 아닙니다. 시험에 합격한 후 국립국어원에 한국어교원 자격 부여 신청을 하셔야 하며, 신청 후 심사에 합격한 분들에게만 자격증을 발급해 드립니다.

④ 한국어교육능력검정시험에 합격한 이후에 양성과정을 이수해도 되나요?

한국어교육능력검정시험(이하 검정시험)에 합격한 후 양성과정을 이수하는 경우에는 한국어교원 자격증을 취득할 수 없습니다. 국어기본법 시행령 제13조에 따라, 검정시험 1차(필기) 시험일 이전에 한국어교원 양성과정을 수료하여야 한국어교원 자격증을 취득할 수 있습니다.

⑤ 양성과정 1~5영역의 영역별 필수이수시간을 여러 기관에서 나누어 이수하여도 되나요?

　　한국어교원 양성과정은 양성과정 심사를 받은 한 기관에서 1~5영역의 필수 이수시간을 이수하여야 합니다.

⑥ 저는 2004년에 한국어교원 양성과정을 이수했는데 120시간의 필수이수시간을 충족하지 못합니다. 교원자격증을 취득하려면 양성과정을 다시 등록해야 하나요?

　　국어기본법 시행령 시행 전(2005. 7. 28.)에 한국어교원 양성과정을 등록 또는 수료한 경우, 120시간을 충족하지 못하더라도 한국어교원 자격 심사위원회의 심의를 거쳐 인정될 수 있습니다. 단, 이수 후 한국어교육능력검정시험에 합격해야만 심사를 받을 수 있습니다.

경력 및 승급

① 한국어교원 2급 자격증을 취득하고 3년 동안 강의를 하여 한국어교육경력 2,000시간을 충족하고 있습니다. 1급으로 승급 신청할 수 있나요?

안 됩니다. 승급 심사 신청을 할 경우 자격 취득일 이후 '강의 기간'과 '강의 시수'의 두 가지 조건을 모두 만족해야 합니다. 따라서 2급 자격 취득 후 5년 이상의 강의 경력과 총 2,000시간 이상의 강의 시수가 있어야 합니다. 이 두 가지 조건을 충족시키지 못하는 경우는 심사 신청을 하더라도 불합격됩니다.

② 3급 교원자격증을 취득했는데 1급까지 승급될 수 있나요?

네, 가능합니다. 승급 기준에 해당하는 자격 취득일 이후 '강의 기간'과 '강의 시수'를 충족한다면 3급에서 2급으로, 2급에서 1급으로 승급 심사 신청을 할 수 있습니다.

③ 저는 외국인에게 한국 문화를 가르쳤습니다. 이것도 한국어교육경력에 포함될 수 있나요?

포함되지 않습니다. 한국어교육경력으로 인정되는 과목은 학습자의 의사소통 능력 향상에 직접적인 영향을 미치는 한국어 초급, 중급, 고급, 한국어 말하기, 듣기, 읽기, 쓰기 수업 등이 해당됩니다.

④ 강의 경력을 증명할 경력증명서는 어떻게 제출해야 하나요?

시행규칙 별지 제3호 서식에 맞추어 작성된 경력증명서를 제출해야 합니다. 해외 기관에서 경력증명서를 발급받을 경우, 시행규칙 별지 제3호 서식에 맞추어 해당 국가의 언어 또는 영어로 경력증명서를 발급받고 한국어로 번역하여 이를 공증 받아 제출하는 것을 원칙으로 합니다. 다만, 해외 기관에서는 국어기본법에 따른 서식으로 경력증명서를 발급 받는 것이 어려울 수 있으므로 이를 감안하여 시행규칙 별지 제3호 서식과 일치하지 않더라도 본 서식에서 요구하는 내용이 모두 포함되어 있는 현지어 또는 영문 경력증명서와 이를 한국어로 번역하여 공증 받은 서류를 함께 제출하는 것도 인정됩니다. 또한 현지어(영어)로 발급 받은 [별지 제3호 서식]의 경력증명서와 [별지 제3호 서식]의 한국어 경력증명서에 같은 직인(서명)을 받거나, 한국어와 현지어(영어)를 병기하여 발급 받은 [별지 제3호 서식]의 경력증명서는 공증 생략이 가능합니다.

⑤ '자격 취득일 이후 강의 기간'에서 1년의 기준은 어떻게 되나요?

　　한 해에 100시간 이상 강의를 하거나 15주 이상 강의를 한 것을 1년의 강의 경력으로 계산합니다.

⑥ 저는 여러 기관에서 한국어 강의를 했습니다. 이럴 경우 모든 강의 경력을 합산하여 심사 신청을 할 수 있나요?

　　네, 가능합니다. 강의한 기관과 강의 내용이 한국어교육경력 인정 범위에 포함된다면, 한국어교육경력을 모두 합산하여 심사 신청할 수 있습니다. 여러 기관에서 한국어를 가르친 경우, 각 기관별로 경력증명서를 발급받아야 합니다.

심사 신청 및 기타

① 초·중등 정교사 자격증 소지자의 경우 이수 학점(시간) 단축 등의 특별한 혜택이 있나요?

초등학교 정교사, 중등학교 정교사 자격증 소지자라고 하더라도 국어기본법 시행령에서 정하고 있는 소정의 교육과정(학위 및 비학위과정)을 거쳐서 한국어교원 자격증을 취득하셔야 하며, 이수 학점(시간) 단축 등의 특별한 혜택은 없습니다.

② 양성과정 이수 후 한국어교육능력검정시험에 합격하여 자격증을 취득했는데 자격증에 '무시험 검정'이라고 기재되어 있습니다. 무슨 의미입니까?

한국어교원 자격 심사는 신청자들이 제출한 서류를 토대로 심사가 이루어지므로 심사 단계에서는 시험이 없습니다. 따라서 한국어교원 자격증에 '무시험 검정'이라고 기재됩니다.

③ 심사 신청 후 합격자 발표까지는 얼마나 걸리나요?

심사 접수 기간은 보통 열흘이며, 접수 후 약 4~5주 정도 후에 한국어교원 자격 심사위원회가 열립니다. 그리고 심사위원회가 열린 후 약 1~2주 뒤에 합격자 발표를 합니다. 따라서 심사 신청 마감일로부터 합격자 발표까지 약 한 달 반에서 두 달 정도의 기간이 소요됩니다.

④ 합격자 발표 후 자격증 발송까지는 얼마나 걸리나요?

합격자 발표 후 대략 한 달 후에 자격증을 발송하고 있습니다. 합격자들의 자격증을 일괄 제작하여 발송하기 때문에 시간이 다소 소요됩니다.

⑤ 심사신청서는 반드시 컬러로 출력해야 하나요? 또 심사신청서에 사진이 출력되지 않았을 경우에는 어떻게 해야 하나요?

아닙니다. 심사신청서는 흑백으로 출력하셔도 무방합니다. 또한, 심사신청서에 사진이 출력되지 않았을 경우에는 증명사진을 직접 심사신청서에 붙여주시면 되며, 사진을 출력하여 심사신청서에 붙이셔도 됩니다.

⑥ 개인 자격 부여 신청 서류는 어디로 보내면 되나요?

개인 자격 부여 신청 서류는 아래 주소로 보내주시면 됩니다.
07511) 서울시 강서구 금낭화로 154 국립국어원 2층 한국어진흥과
　　　한국어교원 자격 심사 담당자 앞

⑦ 서류 도착 여부는 어디에서 확인할 수 있나요?

서류 도착 여부는 국립국어원 한국어교원 누리집에 로그인 하신 후,
[내 정보 관리 → 교원자격 심사 신청 현황]에서 확인하실 수 있습니다.
- 접수중(서류발송요망): 온라인 심사 신청만 완료된 상태
- 접수완료(서류도착): 제출 서류가 국립국어원에 도착하여, 심사 신청 접수가 최종 완료된 상태
- 서류누락: 우편이 국어원에 도착하였으나, 제출 서류 중 일부가 누락된 상태
- 진행 상태란이 접수완료(서류도착)로 바뀌어 있으면 심사 신청 접수가 모두 완료된 상태입니다.(온라인 신청 후 제출 서류를 기간 내에 발송하지 않으면 심사에서 제외됩니다.)

⑧ 서류 제출을 했는데 심사 결과가 미처리로 나옵니다. 왜 그런 건가요?

심사 결과 발표 날짜가 지나기 전까지는 모든 심사 신청자들의 심사 결과는 미처리로 표시됩니다. 심사 결과 발표일이 지난 후, 합격 여부를 확인하실 수 있습니다.
(심사 결과 발표일이 지난 후에도 계속 미처리로 표시될 경우, 국립국어원 한국어교원 자격 심사 담당자(02-2669-9671~6)에게 전화 주시기 바랍니다.)

⑨ 개인 자격 부여 접수가 오늘이 마감인데, 인터넷 접수만 하고 서류를 아직 발송하지 못했습니다. 마감 날짜까지 서류가 국립국어원으로 도착하지 못할 것 같은데 어떻게 해야 하나요?

마감 날짜 우체국 소인이 날인되어 있으면 접수 기간이 지나서 서류가 도착했더라도 신청 기간 내에 서류를 발송해 주셨기 때문에 접수됩니다. 서류 접수는 우체국 소인 날짜를 기준으로 하기 때문에 도착 날짜와는 관계없습니다.(단, 서류 도착이 마감 날짜보다 3주 이상 지연되면 심사에서 제외될 수 있으므로 해외에서 서류를 발송하는 경우, EMS 등 빠른우편을 이용하는 것이 바람직합니다.)

⑩ 자격증을 재발급 받고 싶습니다. 어떻게 해야 하나요?

국립국어원 한국어교원 누리집에 로그인 하신 후, [자격증 → 재발급 신청]에서 먼저 온라인 재발급 신청을 하시면 됩니다. 재발급 신청서를 출력하신 후 서명하신 후(개명한 경우 개명된 영문명을 수기로 기입), 수입인지 1만 원권(우체국에서 구매 가능)을 신청서에 부착하신 후, 기타 제출 서류와 함께 우편으로 보내주시면 됩니다.
- 기타 제출 서류: 주민등록초본(개명을 하여 재발급을 받고자 하시는 분만 해당), 기존 자격증(훼손된 경우에만 해당)
   ※ 재발급된 자격증은 우체국 착불 택배로 발송됩니다. 착오 없으시기 바랍니다.
   (등기 우편은 원칙적으로 착불 발송이 불가하기 때문에 택배로 발송됩니다.)

⑪ 자격확인서는 어디에서 발급받을 수 있나요?

국립국어원 한국어교원 누리집에 로그인하신 후, [자격증 → 자격확인서 발급]에서 자격확인서를 출력하실 수 있습니다.

⑫ 심사신청서를 출력했을 때 '해당 없음'으로 적혀 있는 칸이 있는데 제가 신청을 잘못한 건가요?

아닙니다. 심사신청서상 '해당 없음' 표기는 선생님께서 신청하신 자격 신청 유형과 관련 없는 항목이기 때문에 출력된 그대로 제출해 주시면 됩니다. '해당 없음'으로 표기된 항목과 관련한 경력, 학력 등이 있더라도 추가로 기재하지 않고 제출해 주시면 됩니다.

실습 교과목

① 현장 강의참관과 강의실습을 모두 실시해야 하나요?

교육적 효과를 높이기 위해 현장 강의참관과 강의실습을 모두 운영할 것을 권장합니다. 다만 실습 교과목 운영 지침에서는 실습 교과목 구성 중 실제 한국어교육 현장 경험(현장 강의참관이나 강의실습)을 전체 실습 교과목 운영 시간의 1/5 이상 운영하도록 하고 있습니다. 따라서 현장 강의참관 또는 강의실습 중 한 가지 이상이 포함되도록 선택하여 운영할 수 있습니다.

② 동영상 참관과 현장 강의참관을 병행하여 진행해도 되나요?

네, 가능합니다. 다만 실제 한국어교육 현장 경험은 전체 실습 교과목 운영 시간의 1/5 이상 운영해야 하므로 현장 강의참관과 강의실습을 합산하여 전체 실습 교과목 운영 시간의 1/5 이상 구성해야 합니다.

③ 1/5 이상의 현장 실습과 1/5 이하의 이론 수업 외 나머지 부분은 자율적으로 구성할 수 있나요?

네, 1/5 이상의 현장 실습과 1/5 이하의 이론 수업 외 나머지 부분은 자율적으로 구성할 수 있습니다. 다만, 교육적 효과를 높이기 위해 강의참관, 모의수업, 강의실습을 고루 운영할 것을 권장합니다.

④ 저는 현직 한국어교사입니다. 한국어교육실습 교과목 수강을 경력증명서로 대체할 수 있습니까?

안 됩니다. 현직 한국어교사라 하더라도 한국어교육실습 교과목은 반드시 수강해야 하며, 경력증명서로 대체할 수 없습니다. 다만 근무하고 있는 기관에서 현장 강의 참관 및 강의실습을 진행할 수는 있습니다. 이때 강의실습에서는 담당 교수 또는 현장 실습 지도자의 지도 및 평가가 반드시 있어야 합니다.

⑤ 실습 교과목 사전 지도 및 실습 세미나, 실습 최종 평가회는 전 학생들(해외거주 학생 포함)이 모두 반드시 교실에서 대면 교육으로 진행해야 하나요?

실습 교과목의 사전 지도 및 실습 세미나, 실습 최종 평가회는 대면 교육으로 진행하는 것을 권장하되, 부득이할 경우 비대면으로 진행하는 것도 허용됩니다.

⑥ 운영 지침에 제시된 '교과목 담당 교·강사 자격 요건'에 미달하는 사람은 실습 교과목을 담당할 수 없나요?(예: 언어학 박사학위 소지자로서 한국어교육경력이 5년 이상, 2,000시간 이상이지만 한국어교원 자격증이 없는 사람)

체계적이고 효율적인 실습 교과목 운영을 위해 전문성을 갖춘 사람이 교과목을 담당할 수 있도록 교·강사 자격 요건을 마련하였습니다. 따라서 자격 요건을 충족하는 사람이 실습 교과목을 담당하도록 하고 있습니다.

⑦ 현장 강의참관을 진행할 때 교육기관이 자체적으로 한국어 강사와 수강생을 모집하여 한국어 수업을 진행하고, 그 수업을 참관해도 되나요?

안 됩니다. 한국어교육실습 교과목의 취지는 수강생들에게 한국어교육 현장 경험을 체득할 수 있는 기회를 제공함으로써 수준 높은 한국어교원을 양성하는 것에 있습니다. 따라서 임의로 강사와 수강생을 모집하여 진행하는 한국어 수업을 참관하거나 실습하는 것은 인정되지 않습니다.

⑧ 모의수업에는 모의수업 일지나 모의수업 보고서를 작성할 필요가 없나요?

모의수업은 담당 교수의 참관 하에 진행되므로, 별도의 모의수업 일지나 모의수업 보고서 작성이 지침에 포함되어 있지는 않습니다. 다만, 기관의 재량에 따라 모의수업 일지 또는 모의수업 보고서를 작성하여 관리할 수는 있습니다.

⑨ 한국어교육경력 인정 기관 등에서 한국어 학습자를 모아 놓고 정규 수업이 아닌 별도의 수업을 진행하는 것도 강의실습에 포함되나요?

실습 기관에서 개설되는 특별 수업의 경우 인정 가능합니다. 이때, 특별 수업은 동일 수준의 외국인 학습자를 대상으로 한 달에 4회 이상 정기적으로 운영되는 과정이어야 합니다.

⑩ 운영 지침에 포함되어 있는 각종 서식들은 모두 작성해야 하나요?

아닙니다. 운영 지침에 포함되어 있는 각종 서식들은 기관에서 한국어교육실습 교과목 운영 시 편의성을 제공하고자 만든 것이므로, 기관의 자율에 따라 필요한 서식을 수정하여 사용하시면 됩니다.

부록 3. 자주 하는 질문

⑪ 현장 경험 진행 시 한 주에 연속적으로 진행하여도 되나요?

현장 경험 진행 시 한 주에 연속적으로 진행하는 것은 가능합니다.
단, 현장 경험은 하루에 최대 4시간만 인정 가능합니다.

⑫ 현장 강의참관 또는 강의실습 대상 기관으로 대학 부설 한국어센터 외에 다른 한국어 교육기관(예: 한글학교 등)을 이용해도 상관이 없나요?

네, 가능합니다. 실습 교과목 운영지침에서는 '한국어교육경력 인정 기관 등'에서 현장 강의참관 또는 강의실습을 하는 것으로 규정하고 있습니다. 따라서 한국어교육 경력 인정 기관 외의 기관에서 현장 강의참관 또는 강의실습을 하는 것도 허용됩니다.

⑬ 국외 거주 수강생들은 어떻게 현장 실습을 하나요?

국외 거주 수강생들은 국외에 있는 한국어교육경력 인정 기관 등에서 실제 한국어 교육 현장 경험(현장 강의참관이나 강의실습)을 진행할 수 있습니다. 현장 실습에 관한 사항은 대학 등과 실습 기관이 현장 실습 협약을 맺어 운영해야 하므로 양 기관의 적극적인 지원 및 협조가 필요합니다.

⑭ 실습 과목 이수 직전 학기 방학 때 현장 실습을 미리 진행해도 되나요?

현장 경험은 실습 교과목 이수 직전, 직후 방학에 진행한 것도 인정 가능합니다. 다만, 실습 교과목 이수 직전 학기 방학에 미리 진행할 경우에는 사전 오리엔테이션을 필수로 진행하여야 하며, 직후 방학에 진행할 경우에는 성적 산출 시기 이전까지 모두 끝마쳐야 합니다. 실습 교과목 이수 직전 학기 방학에 현장 경험을 미리 진행하였으나, 실습 교과목을 수강하지 못하거나 이수를 완료하지 못할 경우 현장 경험 역시 다시 이수하여야 합니다.

부록 4 한국어교원 관련 누리집

🔍 **국립국어원 한국어교원 누리집(https://kteacher.korean.go.kr)**
- 한국어교원 자격제도에 대한 설명 및 심사 신청에 관한 안내를 확인
- 심사받은 교육과정 및 교과목 확인
- 한국어교원 자격제도와 관련하여 궁금한 사항 질의

🔍 **국립국어원 한국어교수학습샘터(https://kcenter.korean.go.kr)**
- 국립국어원에서 개발한 한국어 교육 자료 및 다양한 한국어교육 관련 정보 확인
- 한국어교원을 위한 온라인 강좌 수강

🔍 **국립국어원 한국어 학습자 말뭉치 나눔터(https://kcorpus.korean.go.kr)**
- 국립국어원에서 수집·구축하는 한국어 학습자 말뭉치 자료 검색
- 국내외 한국어 학습자를 대상으로 구축한 말뭉치 자료의 통계 확인

🔍 **세종학당재단 누리집(http://www.ksif.or.kr)**
- 세종학당 한국어 교원 양성, 교육 및 파견 지원에 관한 내용 확인
- 한국어 학습과 관련된 자료 확인

🔍 **국가평생교육진흥원 학점은행 누리집(https://www.cb.or.kr)**
- 학점은행제에 대한 설명과 학위 취득 안내 확인
- 학점 인정 신청, 학위 신청 및 각종 증명서(학사학위증명서, 성적증명서 등)발급

🔍 **Q-net 한국어교육능력검정시험 누리집(http://www.q-net.or.kr/site/koreanedu)**
- 한국어교육능력검정시험에 관한 안내 및 시험 일정 확인
- 한국어교육능력검정시험 응시 및 시험 관련 자료 확인
- 한국어교육능력검정시험 합격 확인서(필기, 면접) 발급

한국어교원 자격제도 길잡이

초판 인쇄 2022년 12월 13일
초판 발행 2022년 12월 16일

저　자 국립국어원
발행인 김갑용

발행처 진한엠앤비
주소 서울시 서대문구 독립문로 14길 66 205호(냉천동 260)
전화 02) 364 - 8491(대) / 팩스 02) 319 - 3537
홈페이지주소 http://www.jinhanbook.co.kr
등록번호 제25100-2016-000019호 (등록일자 : 1993년 05월 25일)
ⓒ2022 jinhan M&B INC, Printed in Korea

ISBN 979-11-290-3299-7　(93670)　　　[정가 12,000원]

☞ 이 책에 담긴 내용의 무단 전재 및 복제 행위를 금합니다.
☞ 잘못 만들어진 책자는 구입처에서 교환해 드립니다.
☞ 본 도서는 [공공데이터 제공 및 이용 활성화에 관한 법률]을 근거로 출판되었습니다.